POLYGLOTT Sprachführer

Schwäbisch

Inhalt

Einführung	4
Ha, kennat Se koi Schwääbisch?	4
... und äbbes über die Aussprache	4

Bildwörterbuch	6

Kurzgrammatik	28

Allgemeines	31
Sich kennen lernen	35
Uhrzeit	36
Datum	37

Unterwegs im Ländle	39
Mit der Bahn, dem Bus usw.	39
Zu Fuß und mit dem Fahrrad	40
Mit dem fahrbaren Untersatz	41
Per Anhalter	43
Mit dem Flugzeug	46

Unterkunft	47
Im Gästehaus oder Hotel	47
Camping	50
Ferien auf dem Bauernhof	51

Z'essad ond z'drenggad	55
Im Restaurant und Café	55
Die Speisekarte	60
Weinprobe	63

Besichtigung	65

Inhalt

Urlaub aktiv	68
Zu Fuß unterwegs	68
Wetterkapriolen	69
Sportarten	70
Badefreuden	70

Freizeit und Unterhaltung	78
Unterwegs	78
Gartenparty	80
Fernsehabend	82
In der Oper	84

Einkaufen	86
Im Laden und auf dem Markt	86
Körper- und Kleiderpflege	88

Schwäbischer Alltag	90
Häusle und Garten	90
Zum Geburtstag	93
Am Stammtisch	94
Beim Arzt und in der Apotheke	97
Beim Optiker	100
In der Bank und auf der Post	100
Bei der Polizei	103
Antrittsbesuch der neuen Mieter	104

Reisewörterbuch Deutsch–Schwäbisch	108

Bildnachweis	120

Impressum	120

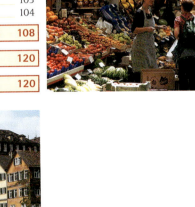

Einführung

Ha, kennat Se koi Schwääbisch?

Falls Ihnen diese Frage bei Ihrem Aufenthalt im Ländle hier und da gestellt werden sollte, nehmen Sie's nicht tragisch! Mit Schriftdeutsch kommen Sie im Land der Dichter und Denker, Tüftler und Häuslesbauer ohne weiteres durch, sofern Sie nicht so arg schnell sprechen. Und unser kleiner Sprachführer dürfte Ihnen gut dabei helfen, sich ein bißle einzuschwäbeln.

Die strenge Sachlichkeit der üblichen Sprachführer wurde bei diesem besonderen Bändchen jedoch sanft durchbrochen – »hanó, mr wird doch nôh a Schbäßle macha derfa!«

Die Satzbeispiele in den einzelnen Kapiteln sind samt und sonders aus dem prallen Leben gegriffen und werden Ihnen sicher immer wieder ein Schmunzeln entlocken – und ganz nebenbei auch humorige Einblicke in die schwäbische Mentalität vermitteln. Ganz im Ernst: neben einem ergötzlichen Einstieg in die Mundart kann Ihnen dieses Büchlein durchaus auch als Kontakthilfe ersten Ranges dienen, wenn Sie es nur richtig einsetzen!

Hierzu ein guter, völlig ernst gemeinter Tipp: Setzen Sie sich in einer gemütlichen Gaststätte beherzt (aber bescheiden) zu ein paar Einheimischen an den Tisch. Ziehen Sie nach gebührender Eingewöhnung und Schonfrist dieses Buch hervor, blättern Sie darin und wenden sich dann rührend-hilflosen Blickes an Ihre Tischnachbarn mit den Worten: »Sie sind doch waschechte Schwaben – könnten Sie mir da nicht ein bisschen helfen? Ich bin neu hier. Bitte, wie spricht man das Wort ôôâhgnêêm richtig aus?« Sie werden staunen, wie da die erst so reservier-

ten und argwöhnischen Schwaben schlagartig auftauen werden! Freundschaften fürs Leben können daraus erblühen.

Also, liebe »Reigschmeckte«, dann schwäbelt mal schön! Wir wünschen viel Spaß im High-Tech-Spätzles-Paradies – auch mit diesem Büchle!

... und äbbes über die Aussprache

In diesem Sprachführer finden Sie die schwäbischen Wörter so geschrieben, dass Sie diese mit etwas Geschick annähernd richtig ablesen können. Doch wie gesagt – lassen Sie sich dabei möglichst von wohlmeinenden Eingeborenen helfen, dann kann nichts schiefgehen.

Die hier aufgezeigten Lautungen entsprechen dem Schwäbisch, das im Großraum Stuttgart und dessen weiterem Umkreis gesprochen wird. Bei der großen Vielfalt und Verschiedenheit mundartlicher Färbungen in Württemberg ist es ein Ding der Unmöglichkeit, auch die in Oberschwaben, auf der Alb, im Schwarzwald usw. heimischen Laute hier einzubringen.

Nehmen Sie die hier verwendete Schreibung schlicht als »Verkehrssprache« – und Sie werden damit schon durchkommen!

Einige wenige Lautzeichen sollen Ihnen die Aussprache erleichtern:

▪ ô, ôô ein offener, kurzer bzw. langer Laut zwischen a und o, ähnlich dem englischen »law«: hôsch (hast du), Schlôôf (Schlaf).

▪ ã, ẽ, õ, ẽã, usw.: Die Tilde über einem Vokal oder Diphthong bedeutet, dass dieser Laut **nasal** (durch die Nase) gesprochen wird, z.B. Ãngschd (Angst), kãh (kann), schẽẽ (schon), ẽãhne (Ihnen).

4

Einführung

■ Nasaliert wird jeder Vokal vor *-m*, *-n* und *-ng*, doch ist der Schwabe durchaus im Stande, alle, aber auch alle Vokale durch die Nase zu sprechen, auch als Ausdruck des Abscheus, der Ironie oder der behäääbigen Gemütlichkeit. Am ehesten erzielt man diesen Klang, indem man dabei buchstäblich die Nase rümpft! Französisch – kein Problem für Schwaben: *Ãhfãng* (Anfang) ist lautlich fast identisch mit »enfant«!

■ **/** (Schrägstrich) zwischen zwei Lauten bedeutet: die Laute getrennt sprechen – wie bei **he/er** (höher).

Akzent

Wo die Betonung von der Schriftsprache abweicht, steht ein Akzent: *Modóor* (Motor), *Tunnéll* (Tunnel). Die übrigen schwäbischen Laute werden wie folgt ausgesprochen:

■ **a** 1. geschlossen und kurz wie in »ab«. 2. offen, oft lang wie in »Abend«: *Baad* (Bad). 3. geschlossen, verschluckt, zwischen e und a, aber mehr dem a zuneigend: *d'Mädla* (die Mädchen).

■ **ä** 1. kurz und geschlossen: *äbbes* (etwas). 2. offen und lang, meist quäkend-nasal wie im »Mäh« der Schafe: *Schwääbisch*. »Schweebisch« wird von Schwaben glatt als »Schwedisch« missverstanden – auch heißt es *Brätzl*, nicht »Breezel«!

■ **e** geschlossen und hell wie in »Seele«: *Meebl* (Möbel), *Leffl* (Löffel).

■ **i, o** und **u** wie in der Schriftsprache, sofern nicht nasaliert (s. oben).

■ **r** kehlig-verschluckt, dennoch hörbar: *Wärg* (Werk) – in manchen Gegenden aber auch kräftig gerollt.

■ **s** immer stimmlos wie das »ß« der Schriftsprache!!! Also: *Haaß* (Hase), *Rooß* (Rose), *deeß* (dies), *d'Zonn* (die Sonne).

■ **k, p** und **t** werden fast immer weich wie »g«, »b« und »d« ausgesprochen: *Grach* (Krach), *Boschd* (Post), *Dände* (Tante). Nur bei einigen Wörtern, die spät ins Schwäbische aufgenommen wurden, bleibt es bei der harten Lautung, wie bei *Kard* (Karte), *Kunschd* (Kunst), *Pass, Pudel, Tee, Tiger.*

■ **sp** und **st** werden stets wie »schb« und »schd« ausgesprochen: *schbara* (sparen), *Schdadd* (Stadt), *Luschd* (Lust).

Diphthonge (Doppelvokale)

Das Schwäbische hat mehr Diphthonge als die Schriftsprache. Diese ungewohnten Doppelvokale muss man genauso ungetrennt und in einem Zuge aussprechen wie die geläufigen »aus«, »ei« usw.: *ēähne* (Ihnen), *liab* (lieb), *ōōähgnēēm* (unangenehm), *Schdoi* (Stein), *Huad* (Hut), *Schuier* (Scheune).

Die feinen Unterschiede, die der Schwabe bei »au« und »ei« macht, sind hier nicht berücksichtigt, da sie für das nichtschwäbische Ohr kaum wahrnehmbar sind. Sonst hätte man hier des Weiteren differenzieren müssen zwischen *Frao* (Frau) und *Mouß* (Maus) oder gar zwischen *Waide* (Weide = Wiese) und *Weide* (Weide = Baum) usw. usw.

Und zum guten Schluss: Einen Knacklaut kennt das Schwäbische nicht – so wird aus **ge+achtet** ein glattes *gachded!*

Alte Spruchweisheiten

A Õnggl, wo Sach hôdd, isch besser alz a Dände, wo Glafier schbield!
(Ein Onkel, der Sachwerte besitzt, ist besser als eine Tante, die Klavier spielt!)
A Geizhals önd a fädde Sau sénd ersch nôch-em Dood äbbes wärd!
(Ein Geizhals und ein fettes Schwein sind erst nach dem Tod etwas nütze!)

Bildwörterbuch

Fahrkardaschaldr — Oußweiß — Fliagr, Flugzeig

Zuug — Schlôôfwaga — Schiff

Gepäggoufbewarõng — Schliassfach — (Omni)Buss

Schdrôôßabäh — U-Bäh — Soilbäh

Taxe, Taxi — Modoorrad, Mobed — Fahrrädle, Drootesel

Bildwörterbuch

 Schdaddbläh

 Oudo, Karra

 Tschiip

 emmer dr Nôß nôôch

 rächz nõm abbiaga

 lēngs nõm abbiaga

 zrigg fahra, omdräa

 Pargblätzle

 Badderie

 Roifa

 Wärgschdadd

 Tankschdell

 Eel

 Wassr

 Roifadrugg

Bildwörterbuch		
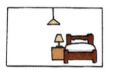 Oinzlzĕmmer	 Dobblzĕmmer	 liadrichs Hodel
 normals Hodel	 guads Hodel	 g'schbonas Hodel
 hoiß/kald	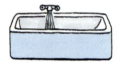 Badwann	 Dusche
 Gloo, Ábord, Ábee	 Raucher	 Nichdraucher
 Bligg uff dr See	 mid Bligg uff d' Bärgg	 Kähn-i mir deß Zĕmmer amôl ähgugga?

Bildwörterbuch

 Schlissl

 Gliehbirn

 Färnsäher

 Feierleschr

 Kloiderbiegel

 Seef

 (dr) Radio

 Téleföh

 Mugganetz

 Garaasch

 Reschdoräh, Wirdschafd

 Ufzug

 Friehschdigg

 Middagässa

 Nachdässa, Obendässa, Väschbr

> Bildwörterbuch

Këmbingblatz, Zäldblatz	Zäld	Wõhnwaaga

Wõhnmobiel	Schdrömähschluß	Feierle

Glooß önd d'Waschraim	Drënggwassr	Koi Drënggwassr

Mill, Kehrichd	Mässr / Gaabl, Gääbale	Leffl

Schbeißkard	Rächnõng	Särwjedd

10

Bildwörterbuch

Ekspresso

d'Schnegga uff d'Schwēnz schlah (= sich langweilen)

mid'ra Sauwuad (ēm Rānza)

Täßle Káffee

(Wirfl)Zuggr

Milchhäfele

Tee

mid Zidrōōn

Glaaß Wassr

Honawassr, stills Wassr

saurer Schbrudl

siaßa Schbrudl

Flasch

Kriagle

Zähschdochr

11

Bildwörterbuch

Radler

Bier

donkels Bier

Weiza

Schnäbsle

Seggd

Virdale Drollinger

Fläschle Rooda

Schorle weiß, saur

Brood

Breedle, Weggle

Brätzl

Hërnle

Gsälz

Hõnich

Bildwörterbuch

(dr) Buddr	Joghurd	Kääß
waichs Ai	Oxaauga	Nissla
Epfl	Birna	Banan
Bräschdlēng	Zidrōōn	Oransch
Drauba	Zwätschga	Kirscha

13

Bildwörterbuch

Zwiebl

Knoblich

gälbe Riaba

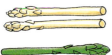
Schbargl

Bloāmakohl

Salaad

Reddich

Radießla

Tomāāda

greāne Bōhna

Maiskolba

Schampion

Läbrgleeßlessubb

Griaßgleeßlessubb

Flädlesubh

14

Bildwörterbuch

Kuah, Rēntfloisch

Sau, Schweinefloisch

Lamm

Geggale, Gigger

Druadhâhn

Gôôß

Schleegl

Haaß

Rauchfleisch

a halbs Geggale

Würschdle

LKW (Läberkäßweggla)

Brôôdwursch mid Kraut

Sonndichsbroda

Fleischkiachle

Bildwörterbuch

| Fisch | Karrbfa | Foräll |

| kochd | brôôda | bagga |

| Eel | Essich | Kätschab |

| Salz | Pfäffa | Sempf |

| gmischda Salaad | Wurschdbrood | Reis |

16

Bildwörterbuch

Kardoffl, Grombiera, Äbbiera

Spätzla

Äbbierasalaad, Kardofflsalaad

Bubaspitzla

Mauldascha

Nudla

Brodkardoffl

Häfezopf

Bärliner, Fäsnetskiachla

Guetsla, Keks

(dr) Schogglaad

Bäradreyy

Bómbola, Siaßigkeida

Schdiggle Kuacha

Schlaagrahm, Sohne

Bildwörterbuch		
 Margd	 Läbenzmiddllaada, Subbrmarrgd	 Beggerei
Obschd- ond Gmiaßlaada	Mezgrei	 Schmuggschäft
 Brillagschäfd, Obdiggr	 Frißeer	 Buachhandlung
(Falda-)Rogg	 Blihßle	 Halzdiachle
Ledahööß	 Hëmmad	 Höößadräägr

Bildwörterbuch

Kloid · Tschiins · Hōōß

kurze Hōōß · Tiischöad · Púllober

Annorag · Räägakiddl, Räägakeep · Saggo, Kiddl

Schdrömbfhōōß · Seggla, Sogga · Grawadd

Huad, Hiadle · Kobfduach · Schal

Bildwörterbuch

| Schuah | Turnschuah | Rohrschdifel |

| Badāhzug | Badhőöß | Girdl |

| Rägaschirm | Sõnnaschirm | Hāndasch |

| Sõnnabrill | Koffa, Koffor | Gäldbeidl |

| Film | Wideokamara | Fodoabbaraad |

Bildwörterbuch

Durischt mid Boliglodd

Badderie

Bloamastrauß

Gnepfle

Zeidōng, Zeidschrifd, Illuschdrieerde

Schär

Zigarr

Zigarett

Pfeifle

Zĕndhelzr

Feierzeig

Päggle Dabagg

Zigarettababierla

Flaschneffnr

Koakazia

Bildwörterbuch		
 Wëndl	Fläschle	Schnullr
 Soife	Schampu	Deo
Parisr	Gloobabier	 Daschadiachla
 Kremehafa	 Zähbirschd	 Zähbaschda
 Hôôrbirschd	 Kamm	Libbaschdifd

Bildwörterbuch

Raßierabberaad   Sonnakrem   äbbes gega d'Schnôôga

Bärgg   wăndra   Schie fahră

Deich, See   Fluss   angla

seegla   serfa   Wassrschie fahră

Rudrbood   Modóorbood   Reddöngsrĕng

23

Bildwörterbuch

Schdadiöh	raadfahra	reida
Schwĕmmbaad	Wolleball	Tennis
Tischtennis	Fäädrball	Golf
Wilhelma	Kaffe	Wirdschafd, Boiz
Musäum	Theadr	Opa

24

Bildwörterbuch

Konzärd

Kino

Disko

Besawirdschafd

Binokel

Cannstatter Wasa

Boschd

Briafkaschda

Briaf(marg)

Buschdkard

Telegramm

Päggle

Gäld wäxla

Schägg

effëndlichs Téleföh

25

Bildwörterbuch

Gloo, Scheißheißle Däämä / Härra Doggdr

Zäharzd Granggawaaga, Sanka Graanggahouß

Abodeeg Rezäbbd Verbandskaschda

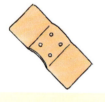

Pflaschdr Bende, Verband Tablädda, Pilla

Salb *(dr)* Thermomeedr Schbritz

Bildwörterbuch

Huaschda, Kaddarrh

Fiebr

a Wehle, Reißmadeiß

Häggr

Schädlwe, Kopfwe

Scheißerei

Sõnnabränd

Fũndbirro

Frēmdavrkehrsämd

Diebstahl

Ieberfall

Õhfall

Feier

Feierwehr

Bolizei

27

Kurzgrammatik

G

Keine Bange – wir geben Ihnen hier nur ein paar wichtige Grundregeln der schwäbischen Sprache mit auf den Weg, die Ihnen helfen sollen, allzu grobe Schnitzer zu vermeiden, wenn Sie dann im Ländle mal mitschwätzen wollen:

Die Beugung (Deklination) der Hauptwörter

Im Schwäbischen gibt es nur drei Fälle: Nominativ (1. Fall), Dativ (3. Fall) und Akkusativ (4. Fall).
Der **Genitiv** (2. Fall) wird durch »von« und den Dativ gebildet: *dr Deggel vom Dopf* = der Deckel des Topfes.

▮ Zeigt der Genitiv aber ein Besitzverhältnis an, so sagt man besser: *am Lährer sai Buach* = das Buch des Lehrers, *dr Dände ihr Huad* = der Hut der Tante.

▮ Bei zwei aufeinander folgenden Genitiven hört sich das dann so an: *am Wird saira Alda ihr Bääßle* = die Cousine der Frau des Wirts.

▮ Entsprechend wird auch die Frage gebildet: *Wem sai Hônd isch deeß?* = Wessen Hund ist das?

Geschlechtswörter (Artikel)

Der **bestimmte Artikel** (der, die, das) kann in jedem Kasus (Fall) unterschiedliche Formen annehmen, je

nachdem, ob er mehr oder weniger betont ist. Die gedehnte Form wird bei stärkerer Betonung verwendet.

▮ **Männlich, Einzahl** von »der Stein«
Nominativ: *dr*, betont *där Schdoi*
Genitiv: siehe oben unter Beugung!
Dativ: *am, m', deem Schdoi*
Akkusativ: *da, deen Schdoi*

▮ **Weiblich, Einzahl** von »die Mücke«
Nominativ: *d'*, betont: *di(a) Mugg*
Genitiv: siehe oben!
Dativ: *dr, derra Mugg*
Akkusativ: *d', di(a) Mugg*

▮ **Sächlich, Einzahl** von »das Kind«
Nominativ: *'s*, betont: *deß, deeß Kênd;* Genitiv: siehe oben!
Dativ: *am, deem Kênd*
Akkusativ: *'s, deß*, stärker: *deeß Kênd*

▮ **Mehrzahl** (alle drei Geschlechter)
Nominativ: *d'*, betont: *di(a) Schdoinr (Mugga, Kêndr);* Genitiv: siehe oben!
Dativ: *de, deene Schdoinr (Mugga, Kêndr);* Akkusativ: *d', di(a) Schdoinr (Mugga, Kêndr)*

Der **unbestimmte Artikel** (ein, eine, eines) lautet im Nominativ aller drei Geschlechter gleich: *a.*
Nominativ: *a Schdoi, a Mugg, a Kênd*
Genitiv: *von amma Schdoi, von'ra Mugg, vom'ma Kênd*
Akkusativ: *an Schdoi, a Mugg, a Kênd*

▮ Wichtig außerdem: Im Gegensatz zur Schriftsprache versieht das Schwäbische auch Personennamen mit dem Artikel: *dr Eigen* (Eugen), *d'Lodde* (Lotte), *'s Mariele* (Mariechen).

Däädsch

bedeutet »würdest du« (tätest du) – und so sagt man denn von einem schwäbischen Ruheständler: *Der isch jetz au schö em Däädsch-Alder!* Warum? Weil seine Frau nun ständig zu ihm sagt: *Däädsch-mr nedd g'schwend helfa, auf d'Boschd gânga, da Garda giaßa* (und so weiter)!

Kurzgrammatik

Achtung, Fußangeln!

gehen (zu Fuß) heißt auf Schwäbisch *laufa*, sonst allgemein *ganga*.

laufen (rennen) heißt *schbrēnga*, stärker: *saua*. So darf ein Enkel ungestraft rufen: *Sau, Oma, sau!*

springen hinwiederum heißt *hopfa* (= hüpfen)!

schmegga (schmecken) heißt auch riechen! Daher eben der Ausdruck »a *Reigschmeckter*« (ein Zugereister; einer, der ins Ländle reinschnuppert) oder die Wendung »Den köh i nedd schmegga!« (den kann ich nicht ausstehen oder riechen).

heeba (heben) bedeutet im Schwäbischen (fest)halten. Das hochdeutsche hochheben heißt dagegen *lupfa!*; *aufheeba* bedeutet neben aufklauben auch aufbewahren! Also: Der Nagel, das Fleisch, der Anzug *heebd nōh lang*, und *heeb den Briaf jô guad auf!*

»I köhs nēmme verheeba!« heißt: Ich muss mal dringend verschwinden! Ich kann's kaum erwarten! Ich muss es einfach sagen oder tun!

❚ Und noch etwas: manche Hauptwörter haben im Schwäbischen ein anderes Geschlecht als in der Schriftsprache, so z. B.: *dr Budder* (die Butter), *dr Radio* (das Radio), *dr Schogglaad* (die Schokolade), *dr Sófa* (das Sofa), *'s Tunnéll* (der Tunnel)!

Persönliche Fürwörter

ich: *i; du: du; er: är*, nachgestellt: *'r* (ist er = *isch'r*)
sie: *se*, ländlich: *sui*
es: *deß*, unbetont oder nachgestellt: *'s* (es brennt = *'s brennd;* brennt es? *brennt's?*)
wir: *mir*, unbetont oder nachgestellt: *mr;* **ihr:** *ihr*, nachgestellt: *'r* (geht ihr? = *gānged'r?*); **sie:** *se*

Bezügliche Fürwörter

derjenige, welcher: *är, wo*
diejenige, welche: *di(a), wo*
dasjenige, welches: *deß (deeß), wo*

Deß Zemmermädle, wo mai Bedd gmacht hôt (das Zimmermädchen, das mein Bett gemacht hat).

Hinweisende Fürwörter

Sie stimmen mit der **betonten** Form des Geschlechtswortes überein:
Männlich: *där, deem, deen*
Weiblich: *di(a), derra, di(a)*
Sächlich: *deeß, deem, deeß*
❚ Das **unbestimmte Fürwort** »man« lautet »mr«: man hat gehört = *mr hôt gheerd*

Zeitwörter (Verben)

Der Schwabe verwendet meist nur vier Zeiten: **Präsens** (Gegenwart), **Perfekt** (2. Vergangenheit), **Plusquamperfekt** (3. Vergangenheit) und – selten – **Futur** (Zukunft).
❚ Statt des **Imperfekts** (1. Vergangenheit) steht das Perfekt: ich ging = *i bēh gānga.*
❚ Ausnahme: Von »sai« (sein) gibt es ein Imperfekt: *i war, du warsch, er (sie, es) war, mir (ihr, se) wared.*

Präsens: *i mach, du machsch, er (sie, es) machd, mir (ihr, se) mached.*
Perfekt: *i bē gānga* (ich bin gegangen), *mir hēnd gsônga* (wir haben gesungen).

Kurzgrammatik

■ ich bin (gewesen) usw.: *i bēh, du bisch, er, sie, es isch, mir sēnd (gwä)*.
■ ich habe (gehabt) usw.: *i hān, du hôsch, är (se, s') hôt, mir hēnd (khett)*.

Futur: ich werde verreisen = *i vrraiß*
■ jetzt werde ich sparen = *jetz fãng-i aber äh schbara*
■ meist nur emphatisch: *Dir wärd-i hälfa!* = Dir werd ich helfen!

Möglichkeitsform (Konjunktiv)

Das Schwäbische kennt lediglich den Konjunktiv Imperfekt und den Konjunktiv des Plusquamperfekts.
■ Der **Konjunktiv Imperfekt** wird in der umschriebenen Form (entspre-chend »ich würde essen«) mit »*i dädd* (täte) …« gebildet, also: »ich ginge« usw. = *i dädd gãnga, du däädsch, är (se, s') dääd, mir (ihr, se) dääded gãnga*.
■ Der **Konjunktiv Plusquamperfekt** hingegen wird wie in der Schrift-sprache mit »ich wäre« = *i wär* und »ich hätte« = *i hedd* gebildet:
a) *i wär gfahra, du wärsch, är (se, 's) wär, mir (ihr, se) wäred gfahra*
b) *i hedd gwonna, du hedsch, är (se, 's) hedd, mir (ihr, se) heddad gwonna*.
■ Bei den **Mittelwörtern der Vergangenheit,** die mit »ge-« gebildet wer-den, entfällt entweder das »e« der Vorsilbe, z.B. *gachded* (geachtet), *gfäderd* (gefedert), *gmoind* (gemeint), oder sie entfällt komplett: *brocha* (gebrochen), *butzd* (geputzt), *drähd* (gedreht), *grachd* (gekracht).

Schwäbische Ausrufe

Hanói hat zwar Ähnlichkeit mit jener Stadt in Vietnam, im Schwäbischen jedoch ist dies ein Ausruf, der bedeu-tet: **Aber nein!, Keineswegs!**

Fast wichtiger noch ist der so häufige Ausruf **Hanó!** Er bedeutet:
- nanu!, was denn!
(**Hanó, wa will denn där?**)
- he(da)!, oho!
(**Hanó, werd jô nedd frech!**)
- naja!, tja!
(**Hanó, so isch hald em Läba!**)
- aber, andererseits
(**Hanó, woröm au nedd?**)

Weitere beliebte Bildungen mit »Ha« sind:
Ha-jô! Aber ja!, **Ha-freile!** Freilich!, Aber gewiss!, **Ha-jétz!**, **Ha-sóo-äbbes!** Na so was!

Weitere beliebte Ausrufe
Hailigsblechle! Donnerwetter!
Haidenai! Verflixt!

Äätschagäbale! Ätsch!
Oh Jeggerle! Du liabs Herrgeddle! Ach du meine Güte!
Jô Scheißele! Jô Bfeifadeggel! Von wegen!, Nichts zu machen!
Bábbala! Aus ist's!, Es gibt nichts mehr (zu essen usw.)!

Die seltsame Endsilbe »-tse«
bedeutet soviel wie **»-zeug«** oder **»etwas zum …«,** und so ist eine **Schbieletse** eben ein Spielzeug oder etwas zum »Dran-herum-Spielen«, ei-ne **Schdriggetse** schlicht ein Strick-zeug, eine **Schleifetse** allerdings eine Schlitterbahn, eine **Hocketse** ur-sprünglich eine Sitzgelegenheit, heu-te aber ein Straßenfest mit Tischen, Bänken und Tschingderassa – man hockt (hoggd) gemütlich beisammen bei Wein, Bier und Würstchen.

Eine **Meegetse** aber ist jemand, den man einfach furchtbar mögen, lieb haben muss!

Allgemeines

Guten Morgen!	Guada Morga!
Guten Tag!	Grißgodd!, *(liebevoll)* Grißgoddle! *(modern auch)* Hallóle!
Guten Abend!	Guada-n-Ôbed!
Gute Nacht!	Guad Naachd!, *(liebevoll)* Guad's Nächdle!
Auf Wiedersehen!	Ade!, *(liebevoll)* Adéle!, *(modern, neuschwäbisch)* Tschißle! *(von Tschüss)*
Wann ist (sind) ... geöffnet?	Wenn hôdd (hēnd) ... offa (*breit:* uff)?
Wann wird (werden) ... geschlossen?	Wenn machd (mached) ... zua?
Wie komme ich nach (zum, zur) ...?	Wia kommd-mr nôch (zōmm, zurr) ...?
Wie lange wird das dauern?	Wia lang daured deeß?
Wann findet ... statt?	Wenn isch...?
Wo bekomme ich ...?	Wo griagd-mr...?
Geben Sie mir bitte ...!	Gäbbat-Se mr bidde...!
Haben Sie auch ...?	Hēnt-Se au...?
Ich brauche ... Ich möchte ...	I breichd... I mechd..., i hedd gärn...

31

Allgemeines

Wichtige Wörtla

anders(herum)	änderschd(röm)
außen	drussa, *(hier außen)* hussa
damals	dômôlz, selbichsmôl
dann	nôh
dort	dô drõmma, dôhända
draußen	drussa, draußa
drin(nen)	drēnna, *(hier drin)* hēnna
(da) drüben	(dô) drõmma *oder* drieba
drunten	drõnda, *breit:* dõnda
etwas	äbbes, *(ein wenig)* a bißle
gegenüber	wißawih
herab, herunter	raa, rõnder
herauf	ruff
herein	rai
hin	nôh, *(kaputt)* hēē
hinab, hinunter	nãã(be), nõnder
hinauf	nuff, nauf
hinein	nai
hinüber	nõmm, õmme
immer	ēmmer, äll(a)weil
innen	drēnna, *(hier drin)* hēnna
jetzt	jetz, etz, (j)etzedle
nach Hause	hoim
nächstes Mal	's näggschdmôl
nicht	nedd, edda
nicht mehr	nēmme
nichts	nix, nex
nie(mals)	nia, *(keinesfalls)* em Läba nedd
oben	õba
ohnehin, sowieso	oinawäg
plötzlich	uff oimôl, auch õms Nõmmgugga
rücklings	ärschlēngs, hēnderschefihr
überhaupt nicht	iiberhaubd nedd, koi bißle
umsonst	õmmasõnschd
unten	õnda, *(drunten)* d(r)õnda
vorwärts	firsche, nôre
wann?	wēnn
wenn	wãnn, wēnn
wessen?	wem sai *(Oudo isch deeß?)*
wohin?	wo nôh?
zuerst	zeersch
zumal (da)	vollēnz weil

32

Allgemeines	

Ich würde gern ...	I dääd gärn...
Am liebsten würde ich ...	Am gärnschda dääd i...
Wie viel kostet das?	Wa(ß) machd deß?
Wie viel kostet ein ...?	Wa(ß) koschd a (*betont:* oi)...?
Das gefällt mir nicht!	Deß gfelld-mr nedd!
Das ist zu teuer!	Deesch-mr z'deier!
Haben Sie nichts Preiswerteres?	Hênt-Se nedd äbbes Billichers?
Wie heißt das auf Hochdeutsch?	Wia hoißd deß uff hochdeidsch?
Ich spreche kein Schwäbisch!	I käh koi Schwäbisch!
Woher kommen Sie?	Wo kommad nôh Sia här?
Ich bin ein Berliner!	I bêh aus Bärlin!
Ich verstehe Sie nicht!	I vrschdänd Se nedd!
Wie bitte?	Wá-isch?, Hää?
Sprechen Sie doch bitte etwas langsamer!	Schwätzet-Se doch nedd so schnell!
Wie spricht man dieses Wort aus?	Wia sechd-mr deeß?
Wie viel Uhr ist es?	Wi schbäd hêmmer'ß?
ja	ja, (*zögernd oder einschränkend*) jô
Ja nicht!	jô nedd!

Zeitangaben

heute Mittag heid Middaag	**in zwei Tagen** en zwoi Dääg
gestern Abend geschdern Ôhbed	**in zehn Stunden** en zëa Schdönd
morgens (em) morgenz	**1/2 Stunde** a halbe Schdönd
am Tage am Daag	**um 16 Uhr** am viere
abends (em) ôhbenz	**um 18 Uhr 45** am dreivirdl siebane
nachts en dr Naachd	**etwa um neun Uhr** ômma naine röm
am Samstag am Sämschdich	
samstags sämschdichs	**am 1. April 1989** am erschda Abrill naizehöndert-nainadachzich
diese Woche en derra Woch	
diesen Monat en dêêm Môônadd	**an Ostern (Pfingsten)** an Ooschdra (Bfêngschda)
dieses Jahr en dêêm Jôhr	
voriges Jahr vorichs Jôhr	**im Fasching** an Faaßned

Allgemeines

Einmal durch das Jahr

Wochentage
Werktag Wärrdich
Montag Mēēdich, Mõnndaag
Dienstag Dēnnschdich, Dinschdaag
Mittwoch Middwoch
Donnerstag Dôôrschdich, Dõnnerschdaag
Freitag Freidich
Samstag Sämschdich, Sämschdaag
Sonntag Sõnndich, Sõnndaag

Monate
Januar Januar
Februar Februar
März Merz

April Abrill
Mai Mai
Juni Juni
Juli Juli
August Auguschd
September Sebdembr
Oktober Ogdoobr
November Nofembr
Dezember Dezembr

Jahreszeiten
Frühling Friehlēng
Sommer Sommr
Herbst Härbschd
Winter Wēndr

nein	noi, *(städtisch oft)* nai
nicht	nedd, *(breit)* edd, *(auch)* edda
nichts	nix, nex
bitte!	bidde!, biddschēē!
Danke!	Dängge!, Dänggschēē!
Keine Ursache!	Schõ rächd!
Verzeihung!	Tschuldigõng!, Hobbla!
Das freut mich sehr!	Deß fraid mi saumäßich!
Das tut mir Leid!	Desch-mr aber arrg!
Woher soll ich denn das wissen?	Woiß iiiiiß?
Das macht doch nichts!	Deesch nedd schlēmm!
Das lohnt sich nicht!	S'isch nedd dr-wäärd!
Da bin ich sprachlos!	Jetzt kähn-i gaar nēmme (schwätza)!
Was Sie nicht sagen!	Ha só äbbes!, A-wá?
He, was soll denn das?	Hanó, wia hēmmer'ß denn?
Was wollen Sie?	Wa(ß) wellet-Se?
Na, hören Sie mal!	Ja saaget-Se môl!
Jetzt reicht es aber!	Jetz isch gnuag Hai hõnda! *(»Hai« = Heu!)*

34

Allgemeines

Sich kennen lernen

Guten Tag, darf ich mich zu Ihnen setzen?	Grissgodd, derf i mi dô nôhogga?
Einen schönen Tag haben wir heute, nicht wahr?	Schéé isch's heid, gell?
Kommen Sie von hier, oder sind Sie Touristin?	Sênd-Se von dô – oddr von außwärz?
Das Kostüm steht Ihnen aber ausgezeichnet, und besonders die Bluse ist hübsch!	Deß Koschdihm schdôhd Eähne abbr guad, önd bsönders deß Blihsle!
Nein, ich habe heute meinen freien Tag und muss nicht arbeiten!	Noi, i hän heid frei önd muaß nedd schaffa!
Da setz ich mich am liebsten hierher auf den Kirchplatz!	Dô hogg i mi am gärnschda dô nôh uff da Kirchblatz!
Schwäbisch Gmünd ist sehr schön, finden Sie nicht auch?	Gell, Schwäbisch Gmünd isch schö glasse, oddr edda?
Sind Sie Raucherin, oder stört es Sie, wenn ich mir eine anstecke? Möchten Sie eine Zigarette?	Rauchad-Se, oddr macht's Eähne äbbas aus, wênn i mir öine ähschdegg? Wellad-Se öine?
Und was machen Sie heute noch alles?	Önd was deänt-Se heid nôh älles?
Herumwandern und das Städtchen ansehen?	Romlaufa önd 's Schdädtle ähgugga?

Das »-le«

Das allerseits so beliebte und belächelte »-le« ist zunächst natürlich die schwäbische Verkleinerungssilbe »-lein« oder »-chen«: Kindchen = *Kendle*, Mehrzahl: *Kendla*.

Daneben hat es aber oft auch eine ironisierende Funktion, wie in »Schlaule« (Schlaumeier) oder »Obergscheidle« (Klugscheißer).

Sehr häufig hat es außerdem noch eine liebevolle Note – es soll daher niemand erschrecken, wenn ein Schwabe zu seiner Frau sagt: »Du Aarschlechle!« oder sein Kind mit den Worten liebkost: »Mai klois Scheißerle.«

Mit dem *-le* nimmt der Schwabe auch den gröbsten Dingen noch die Spitze (nicht das »Schbitzle« allerdings, denn das ist nun mal der Penis!).

»So – jetzt« hört sich auf Schwäbisch so an: »Sódele – etzedle!« (was von Spöttern angeblich auch schon als der schwäbische Orgasmus bezeichnet worden ist …).

Allgemeines

Ach, Sie haben sich schon alles angesehen!	Ah, Sia hênd schö ällas gsäh!
Ich könnte Ihnen noch manches zeigen, zum Beispiel unseren Park dort unten!	I kênnd Eâhne nöh manches zeiga, zôm Beischbiel önzern Parg dô önda!
Fein! Dann gehen wir doch hin, dort ist's wirklich toll!	Brima! Nôh gänga-mr dô nöh, s'isch beschdimmd schee!
Aber wir haben auch eine prima Disco!	Abbr mir hênd au a sauguade Disco!
Würdest du mit mir hingehen, heute Abend?	Däädsch mid mr nôgänga, heid ôbad?
Sagen wir doch »du« zueinander, was?	Saged-mr doch »du« zuanänder, oddr?
Wie heißt du mit Vornamen? Und ich heiße Erwin, Edith!	Wia hoisch dênn middäm Vornäma? Önd i ben dr Ärwin, Edith!
Gehen wir! Bedienung, bitte zahlen!	Gângad-mr! Frailain, bidde zahla!

Uhrzeit

Wie viel Uhr ist es, bitte?	Wia schbääd hêmmer's bidde?
Es ist 12.30 Uhr!	S'isch halber õiß!
Es ist Viertel nach fünf!	S'isch virdl nôch fêmbfe!
Es ist 14.20 Uhr!	S'isch zwänzich nôch zwoi!
Es ist zehn Minuten vor sechs!	S'isch zêa Minudda vor sexe!
Es ist Viertel vor sieben!	S'isch dreivirdl siebne!
Um wie viel Uhr fängt das Fußballspiel an?	Õm wiviel Uhr fängd deß Fuaßballschbiel äh?
Ungefähr um 15.30 Uhr!	Õhgfähr õm halber viere!
Ab wann gibt es Frühstück/Mittagessen/Abendessen?	Wênn geit's Friehschdigg/Middagässa/Nachdässa?
Von acht bis neun Uhr!	Von achde biß õm nâine!
Zwischen sieben und zehn!	Zwischa siebane önd zêhne!
Immer! Den ganzen Tag!	Ällaweil! Emmr! Da gänza Daag!
Morgen Vormittag wieder!	Morga frieh widdr!
Ab Mitternacht ist die Haustüre geschlossen!	Von zwelfe äh isch d'Houßdier gschlossa!

Allgemeines

Datum

Den Wievielten haben wir heute?	Da wifielda hēmmer heid?
Heute ist der 5. August!	Heid isch dr fēmfde Auguschd!
Wir kommen am 15. August an!	Mr kõmmed am fuffzēhnda Auguschd âh!
Wir bleiben bis 31. August!	Mr bleibad biß zõm õißadreißigschda Auguschd!
Am 12. September bin ich geboren/ habe ich Geburtstag!	Am zwelfda Sebdēmbr bēn-i gebora/ hān-i Geburtsdaag!
Unsere Tante Frieda ist am 1. April im Alter von 97 Jahren verstorben!	Õnzr Dānde Frieda isch ām erschda Abrill mid siebnanāinzich gschdorba!

Allgemeines

Wichtige Teile des schwäbischen Körpers

die Haare	d'Hôôr
Härchen	Härle, *Mehrzahl:* Häärla
der Kopf	dr Meggel, dr Riebl, dr Deez
das Gesicht	's Xichd, *(verächtlich)* d'Gosch
der Mund	d'Gosch, 's Maul
die Augen	d'Aoga, *(von Kindern)* d'Aigla
die Nase	d'Nôôß, *(kleine)* 's Nääßle, *(große)* dr Zēngga, dr Riaßl
die Zähne	d'Zēē
die Ohren	d'Ohra, *(ländlich)* d'Aora, *(abstehende)* d'Bähwärderdäfala
die Zunge	d'Zõng
das Genick	's Gnigg, dr Ãngga
der Arm	dr Arm, *(Mehrzahl)* d'Ärm
die Hand	d'Händ, *(ländlich)* d'Hääd, *(Mehrzahl)* d'Hēnd, *(ländlich)* d'Hēhd
Finger	Fēnger
Fingernägel	Fēngrneegl
der Daumen	dr Dauma, *(ländlich)* dr Dõõma
der Zeigefinger	dr Zaigefēnger
die Brust	d'Bruschd, dr Bruschdkaschda, *(weibliche)* 's Brischdle, *(Mehrzahl)* d'Herzer, d'Diddla
der Magen	dr Maaga, dr Bauch
der Bauch	dr Rãnza, dr Bauch, *(kleiner)* 's Beichle
der Nabel	's Näbele
der Rücken, das Rückgrat	's Greiz, dr Buggel
das Gesäß	dr Hēndara, dr Aarsch, *(liebevoll)* dr Bóbbo, 's Fiedle
das Geschlecht	*(des Mannes)* 's Gmächd, *(Penis)* 's Schbitzle, dr Seggel, *(der Frau)* 's Bixle, d'Zwedschg
das Bein	dr Fuaß, *(Mehrzahl)* d'Fiaß, d'Haxa
das Schienbein	's Schēēboi
das Knie	's Gnih, *(ländlich)* 's Gnui
der Knöchel	dr Gnechl
die Waden	d'Waada
der Zeh, die Zehe	dr Zeha, *(ländlich)* dr Zaia
jemandem auf die Zehen treten	äbber uff d'Zaia dabba

Unterwegs im Ländle

Mit der Bahn, dem Bus usw.

Wie fährt man denn am besten nach …?	Wia fahrd-mr am gscheidschda nôch …
Einmal zweiter (erster) Klasse einfach nach …!	Oimôl zwoider (erschdr) oifach nôch …!
Wie lange ist die Karte gültig?	Biß wênn gildad di Kard?
Wo muss ich umsteigen?	Wo muaß i ömschdeiga?
Von welchem Bahnsteig geht der Zug ab?	Vo welchem Bähschdoig fahrd'r ab?
Wohin fährt dieser Zug?	Wo gôhd där Zuug dô nôh?
Schauen Sie doch auf den Fahrplan, da steht es groß und deutlich drauf!	Gugget-Se doch uff da Fahrbläh, dô schdôht's krottabroid ähgschrieba!
Verzeihung, ist dieser Platz hier noch frei?	Biddschëë, sitzd dô schö äbber?
Nein, setzen Sie sich nur hin!	Noi, hogget-Se sich ruich nôh!
Hier drinnen dürfen Sie aber nicht rauchen!	Döhênna derfet-Se fal nedd raucha!
Bitte schließen Sie das Fenster!	Machet-Se 's Fênschdr zua, sênt-Se so guad!
Ich sitze nicht gern mit dem Rücken in Fahrtrichtung!	I hogg liaber so, dass i nôch vôrna gugga käh!
Das ist nämlich gesünder, verstehen Sie?	Deß isch gsênder, vrschtôhsch?
Schon gut, aber ich lege jetzt gerade keinen Wert auf eine Unterhaltung!	Schö rächd, abbr i hän graad koi Luschd zöm Schwätza!

Unterwegs im Ländle

Im Schlafwagen reist man nun mal angenehm!	Em Schlôôfwaga isch hald gmiadlich!
Geht ein Bus (eine Straßenbahn) nach …?	Gôhd a Buß (a Schdrôßabāh) nôch …?
Nehmen Sie die Linie Eins.	Nēmmet-Se da Oiser.
Die Zwei macht einen Umweg!	Dr Zwoier machd en Ōmwäg!

Zu Fuß und mit dem Fahrrad

Wie weit ist es zu Fuß dorthin?	Wia weid isch deß z'laufad?
Welche Sehenswürdigkeiten gibt es hier?	Wa(ß) geit's dô zōm Āhgugga?
Wie kommt man zu dem Lustschlösschen?	Wo gôht's zōm Luschdschleßle?
Kennen Sie sich hier aus?	Kēnnat-Se sich dô aus?
Sie sind hier schon auf dem richtigen Weg!	Dô sēnt-Se schõ richdich!
O weh, da sind Sie auf dem falschen Weg!	Óje, dô sēnt-Se aaber gānz vrkehrd!
Gehen Sie die Steintreppe dort hoch!	Gānget-Se dô drieba deß Schdäffele nuff!
Mein Fahrrad ist kaputt!	Mai Fahrrädle isch hēē!
Ich brauche ein Flickzeug!	I breichd a Fliggzeig!
Lohnt es sich, einen Blick in diese Kapelle zu werfen?	Isch die Kabell dô's dr'wärd, deß mr se āhguggt?
Mir tun die Füße weh vom vielen Herumwandern!	Mir dēān d'Fiaß waih von dem viela Omanānderdabba!

Mit dem fahrbaren Untersatz

Wie komme ich zur Autobahn?	Wia kommd-mr uff d'Oudobāh?
Ich weiß nicht mehr, wo wir sind! Auf der Landkarte sieht alles so einfach aus!	I woiß nêmme, wo mr sēnd! Uff dr Kard siehd älles so oifach aus!
Immer geradeaus! Dann müssen Sie nach links abbiegen!	Emmer dr Nôß nôôch! Dann lēnx nōm!
Hier dürfen Sie nicht fahren! Das ist eine Einbahnstraße!	Dô derfet-Se fai nedd fahra! Deesch doch a Oibähschdrôß!
Keine einzige Parklücke! Da müssen wir eben auf dem Gehsteig parken!	Koi gotzichs Pargblätzle! Nôh muaß-e hald uff'm Droddwar parga!
Die Ampel steht auf Rot! Gib Gas – wir kommen gerade noch rüber!	D' Ãmbl schdōhd uff Rood! Gäbb Gaaß – deß schaffad-mr graad nōh!
Fast wären wir gegen den Laster geknallt!	Õms Härle wäred-mr en den Laschdwaga naigfatzt!
Mein Wagen steht mitten in einer Kreuzung!	Mai Karra schdōhd midda en'ra Greizōng!
Vorsicht, da vorn steht ein Streifenwagen! Oho! Die Polizei, dein Freund und Helfer!	Baß uff, dô vorna schdōhd a Schdroifawaga! Oha! D'Bolizei, dai Fraind ōnd Hälfer!
Ich werd' verrückt – ich habe meinen Führerschein nicht dabei!	I glaub, i schbēnn – i hān main Fiehrerschoi vrgessa!
Ob es wohl im nächsten Dorf eine Tankstelle gibt?	Moinsch, em näggschda Flägga isch a Tankschdell?
Dort suchen wir erst einmal ein Wirtshaus, in dem wir uns stärken können!	Dô suachad-mr erschd a Wirdschäfdle ōnd deānd ōnz schdärga!
Ich habe eine Reifenpanne! Würden Sie mich ein Stück weit mitnehmen?	I hān en Bladda! Däädat-Se me a Schdiggle midnēmma?
Können Sie mich abschleppen?	Kenndat-Se me abschlebba?
Würden Sie mich mal anschieben?	Däädat-Se me amôl āhschugga?

Unterwegs im Ländle

Danke schön, das ist sehr freundlich von Ihnen!	Dänggschëë, deß isch arrg nädd vo Eähne!
Wunderbar, jetzt läuft der Wagen wieder!	Brima, etz duad dr Karra widdr!
Der Motor ist defekt/ist abgesoffen!	Dr Modóor duad nëmme/isch abgsoffa!

Rund um Stuttgart

Von Stuttgart aus liegt es im wahrsten Sinne des Wortes nahe, erst einmal Schwäbisch Hall zu besuchen: mit seiner malerischen Altstadt, den Patrizierhäusern um den Marktplatz, dem Pranger und der spätgotischen Kirche St. Michael, auf deren Freitreppe jeden Sommer die berühmten Freilichtspiele stattfinden. Ein Abstecher zu der nahegelegenen Comburg lohnt sich ebenfalls!

Dann geht's weiter zur Gold- und Schmuckstadt Schwäbisch Gmünd. Sehr sehenswert sind die alten Bauten und Kirchen, insbesondere das Heilig-Kreuz-Münster (erbaut von Heinrich Parler dem Älteren).

Von dort aus fährt man am besten zurück in Richtung Göppingen, wo man die (Drei-)Kaiserberge findet. Es sind drei Vulkankegel: der Hohenstaufen, Stammsitz der schwäbischen Kaiser (unten im Dorf das Barbarossa-Kirchlein), der (Hohen-)Rechberg mit seiner barocken Wallfahrtskirche und der Stuiffen.

Ein gemütlicher Nachmittagsausflug führt nach Ludwigsburg (15 km hinter Stuttgart), der einstigen Residenz der schwäbischen Herzöge. Dort steht ein schönes Barockschloss mit Gartenanlagen, in denen alljährlich die Gartenschau »Blühendes Barock« stattfindet. Nicht weit entfernt sind auch das Lustschlösschen Favorite und das Seeschloss Monrepos.

Esslingen liegt auch nur eine halbe Stunde von Stuttgart entfernt – eine schöne alte Reichsstadt der Staufer mit einer eindrucksvollen »Burg« (die eigentlich eine Befestigungsanlage ist), der Altstadt mit dem großen Marktplatz und zwei gotischen bzw. romanischen Kirchen sowie dem Rokokobau des Alten Rathauses, einem wahren Prachtstück.

Auf der Schwäbischen Alb sollte man die Burgen Teck und (Hohen-)Neuffen (letztere ist eine der eindrucksvollsten Ruinen der ganzen Alb) nicht auslassen. Ein herrlicher Ausblick bietet sich von beiden Burgen.

Dann geht's weiter über das sehenswerte Bad Urach zu dem romantischen Schloss Lichtenstein und der nahegelegenen Nebelhöhle, einer Tropfsteinhöhle.

Auch die alte Universitätsstadt Tübingen ist ein Juwel mit ihrem schönen Schloss auf der Anhöhe; darunter liegt der Marktplatz mit seinem herrlichen Rathaus und den alten Fachwerkhäusern. Das Tübinger Stift war lange Zeit eine wahre Genie-Fabrik – mit Schülern wie Johannes Kepler, Friedrich Hölderlin, Eduard Mörike, Friedrich Hegel, Friedrich Wilhelm von Schelling usw. Weiter unten sollte man die interessante Stiftskirche St. Georg besuchen und am Neckar noch das Türmchen, in dem Hölderlin sein Leben beschloss.

Unterwegs im Ländle

Ich weiß nicht, woran es liegt!	I woiß nedd, waß'r hôt!
Die Zündkerzen sind verrußt!	D'Zēndkärza sēnd vrruaßd!
Die Motorhaube will nicht aufgehen!	D'Modóorhaub gôht ōms Verregga nedd uff!
Die Vorderachse ist gebrochen!	D'Vordrax isch grachd!
Mein Auspuff röhrt so!	Mai Ausbuff pfuuzged so!
Beeilen Sie sich bitte!	Machet-Se doch nôre!
Jetzt sind meine Hände voller Schmieröl!	Jetzt hän-i d'Hēnd voller Karrasalb!

Würden Sie bitte ...
die Batterie aufladen
den Vergaser einstellen
die Kupplung prüfen
das Rad wechseln
den Reifen flicken
volltanken
die Windschutzscheibe säubern
den Ölstand nachsehen?

Däädet-Se mr amôl ...
d'Badderie ufflade
da Vrgaßer aischdella
nôch dr Kubblông gugga
deß Raad dô wäxla
den Roifa fligga
vollmacha
d'Scheib wäscha
nôch am Eelschdänd gugga?

Nach Meersburg können wir von Konstanz aus mit der Autofähre übersetzen!	Nôch Meersburg kēnnad-mr vōn Kônschdänz aus middam Dämpfr nōmfahra!
Das ist dann auch ein besonderes Erlebnis!	Deß isch nôh au gänz schēē!

Per Anhalter

Fahren Sie in Richtung Ulm? Könnten Sie mich mitnehmen?	Fahrad-Se Ulm zua? Däädad-Se me midnēmma?
Na, dann steigen Sie eben ein!	Hanó, nôh schdeigad-Se hald ai!
Danke schön, das ist sehr freundlich von Ihnen!	Dänggschēē, deß isch arrg nädd vo Eähne!
Einen schönen Wagen fahren Sie da!	Desch a saubrr Karra, den Se dô hēnd!
Hier würde ich nun aussteigen, wenn's recht ist!	Dôhända dääd i etz ausschdeiga, wänn'z gôhd!
Danke fürs Mitnehmen! Tschüss!	Dänggschēē, dass Se me midgnômma hēnd! Ade!

Unterwegs im Ländle

Die Fahrschule

So, dann fahren wir mal wieder, junge Frau!

Alzo, nôh fahrad-mr hald widdr a bißle, jonge Frau!

Setzen Sie sich hinters Lenkrad, und dann geht's los!

Dô, hoggad-Se sich än z'Schdeier, önd nôh gôht's looß!

So, schön anlassen und ein wenig Gas geben, klar?

Sódele, etz ählassa önd a bißle blooß Gaaß gäh, okee?

Den ersten Gang einlegen und anfahren!
Links abbiegen!
Das Blinklicht dürfen Sie nicht vergessen!

Erschda Gang naidöa önd ähfahra!
Lëngs nöm abbiaga!
'S Blëngglichd nedd vrgessa!

Gut so! Aber wo sind wir denn jetzt?

Guad isch gänga! Abbr wo sëmmer etz?

In einer Einbahnstraße!

En'ra Aibähschrôôß!

Wo hatten Sie denn da nur Ihre Augen?

Wo hënd-Se blooß nôhguggd?

Nichts da, hier müssen wir wieder rückwärts raus!

Noi-noi, dô miaßad-mr schö riggwärdz rauß!

Aber vorsichtig!

Abbr uffbassa!

Unterwegs im Ländle

Auto, Motorrad, Fahrrad

Abschleppseil	Abschlebbsoil
Batterie	Badderie
Bremse	Brēmß
Gang (1., 2., 3., 4., 5.)	Gäng (erschder, zwoidr, driddr, virdr, fēmfdr)
Garage	Garraasch
Kette	Kedde
Kühler	Kiehler
Kurzschluss	Kurza
Lichtmaschine	Lichdmaschēē
Luftpumpe	Lufdbömb
Motor	Modóor
Ölstand	Eelschdänd
Reifen	Roifa
Reifendruck	Roifadrugg
Reparatur	Rebaraduur
Schraubenschlüssel	Schraubaschlißl
Tank	Tängg
Verbandskasten	Vrbänzkaschda
Vergaser	Vrgaaßr
Werkstatt	Wärgschdadd
Werkzeug	Wärgzeig

S. 7

Stopp! Au weia, da haben wir aber Glück gehabt, junge Frau!

Hald! Haidanai, dôh hēnd-mr aabr Gligg khett, jonge Frau!

Haben Sie den Lastwagen nicht gesehen?

Hēnt-Se den Laschdr nedd gsäh?

Mann o Mann, das war aber knapp!

Mannole, deeß war abbr gnabb!

So, nun aber zurückstoßen und weiterfahren! Nur nicht nervös werden!

Sodele, etz abbr zrigg önd weider! Blooß nedd närfeeß wärra!

Jetzt nach links abbiegen! Jetzt nach rechts abbiegen!

Jetzad lēngs nõm abbicga! Jetzad rächz nõm abbiega!

Sie müssen den Gegenverkehr beachten!

Uff da Gegavrkehr uffbassa!

Fahren Sie doch! Wie, der Motor ist Ihnen abgestorben? Na, so was!

Fahrad-Se doch! Wa, dr Modóor isch Eähne ähgschdorba? Ha, so äbbas!

He, liebe Frau ... warum weinen Sie denn nun auch noch? Was haben Sie denn nur?

Ha, Mädle ... worõm heilad-Se etz au nõh? Wa isch denn?

45

Unterwegs im Ländle

Das kann ich ja nicht mit ansehen!	Deß kähn-i et säh!
Tja, dann fahren wir eben auf der Autobahn, dort ist's gemütlicher für Sie!	Nôh fahret-mr etz hald uff d'Oudobäh, dô isch gmiadlicher fir Se!
Dann los, über die Kreuzung und den Hang hinauf! Die Straße ist völlig leer!	Looß, ieber d'Greizöng önd da Buggl nuff! D'Schdrôôß isch dodal läär!
Ich wollte, ich könnte den Beruf wechseln!	I wolld, i kënnd da Beruf wäxla!

Mit dem Flugzeug

Hast du's gehört, man soll sich jetzt anschnallen!	Hôsch edd gheerd, ähschnalla solsch de!
Wozu das Theater mit der Schwimmweste, wo wir doch über die Alpen fliegen?	Zu waaß deß Gschiß mit derra Schwëmmweschd, wann'z doch ibr d'Alba gôhd?
Guter Start – hoffentlich klappt die Landung auch so!	Guad isch gänga – hoffendlich komma-mr au widder guad raa!
Du kannst dich wieder losschnallen!	Sódele, etz käsch de widdr loßschnalla!
Schön, wie wir die Wolken durchfliegen!	Schëë, wia mir durch d'Wolga fliagad!
Schau nur, wie klein die Häuser da unten aussehen!	Gugg blooß, wia gloi die Heißla dô önda aussähad!
Wie, auf diesem Flug gibt's nichts zu essen?	Hanó, griagd-mr dô nix z'essad?
Und wir haben selbst nichts zu essen dabei!	Önd mir hënd nix zöm Veschbera dabei!
Das ist aber ein kleiner Flughafen!	Deß isch koi Flughafa, deß isch a Flughäfele!

Lebensweisheiten

»**So isch nôh au wiedr!**«, etwa: »So ist das Leben eben!« oder »So kann's einem ergehen!« oder »Das ist die Kehrseite der Medaille!« oder »Je nachdem, wie man's ansieht!«

Aus amma Scheißhafa wird nia a Subbaschissl! (Aus einem Nachttopf wird nie eine Suppenschüssel!)

Beim Erba isch guad, dass dr Mensch alloi sei! (Wenn es darum geht, eine Erbschaft zu machen, ist es gut, dass der Mensch allein ist!)

»**A haussichs Weib isch d'beschd Schbarkaß!**« (»haussich« = haushälterisch, »aushaussich« das Gegenteil!)

46

Unterkunft

Im Gästehaus oder Hotel

Kennen Sie ein gutes (billiges) Hotel?	Wisset-Se mr nedd a guats (billichs) Hodel?
Haben Sie ein (nicht zu teures) Einzelzimmer frei?	Hênt-Se a Oinzlzêmmer frei (abber nedd so arrg deier)?
Wir haben nur noch eines ohne Bad und Toilette!	Mir hênd bloß nöh oiß ohne Baad önd Gloo!
Vielleicht wird später (morgen) etwas frei!	Kô sei, dass schbäder (morga) äbbes frei wird!
Wie viel kostet denn ein Doppelzimmer?	Wa(ß) koschded a Dobblzêmmer?
Wir hätten gern eins mit Blick auf den See!	Mir heddad gärn oiß mid Bligg uff da See naus!
Kann ich mir das Zimmer einmal ansehen?	Kähn-i mir deß Zêmmer amôl ähgugga?
Nein, das gefällt mir nicht!	Noi, deß gfelld-mr edda!
Vielleicht suche ich mir eine Privatunterkunft!	Villeichd sodd-i mr a a brifaaz Zêmmer suacha!
Dieses hier wäre eher etwas!	Deß dô dääd oinichermaßa gänga!
Wie lange wollen Sie denn hier bleiben?	Wia lang wellet-Se bleiba?
Das weiß ich noch nicht!	Deß woiß i nöh nedd!
Ich bleibe nur fünf Tage!	I bleib bloß fêmf Dääg!

Unterkunft

Meine Lebensgefährtin kommt übermorgen nach!	Mai Vrlobbde kommd ibermorga nôôch!
Mein Gepäck ist noch am Bahnhof (im Wagen)!	Mai Sach han-i nõh am Bähhoof (em Oudo)!
Doch, dieses Zimmer finde ich sehr angenehm!	Hanó, deß Zĕmmer dô gfelld mr schõ!
Der Ausblick zum Schwarzwald hinüber ist ja herrlich!	Där Bligg uff da Schwarzwald nõm isch schõ scheē!
Nein, wir brauchen kein Kinderbett – unser Kindchen schläft zwischen uns auf der Besucherritze!	Noi, mir brauched koi extra Kĕnderbeddle – 's Butzele därf bei önz em Gräbale schlôôfa!
Wenn Sie etwas benötigen sollten, läuten Sie! Bedienen Sie diese Klingel!	Soddet-Se äbbes braucha, nõh leidet-Se hald! Schellet-Se an sellera Schell!

Ein paar Mängel...

Hier drin ist es aber sehr kalt!	Deesch jô saukald dôhénna!
Könnten Sie nicht ein bisschen einheizen?	Kĕnnat-Se nedd a bißle aihoiza?
Schau dir das einmal an – von der Decke hängt ein Spinnennetz herunter!	Jetz gugg au dô nôh – vom Pláfõh hängd a Schbĕnnwääbb!
So ein Mist – die Schranktüre geht nicht auf!	So a Glômb – di Diar vom Kaschda gôht edd uff!
Und kein einziger Kleiderbügel!	Õnd koi gotzicher Kloiderbiegel!
Die Fenster müssten auch gereinigt werden!	D'Fênschder gheered au amôl widder butzt!
Das Nachttischlämpchen ist kaputt!	'S Nachdischlĕmble isch hēē!
Bringen Sie mir ein frisches Handtuch – dieses hier ist schmutzig!	Brêngat-Se mr a neiß Händuach – deß dô isch dreggad!
Die Gäste im Zimmer nebenan sind sehr laut!	D'Gäschd näbadräh mached en Saugrach!
Das Radio heult und krächzt!	Där Radio pfuuzged so!
Da sind ja tausend Blutflecke an der Wand von lauter erschlagenen Stechmücken!	Dô hôts's jô dausend Bluadflegga an dr Wand von doode Schnôôga!
Aber nein, Dummchen, das ist das Tapetenmuster!	Hanói, du Hämballe, deß isch bloß 's Muschder von dr Dabeed!
Das Toilettenpapier ist alle!	Mir hênd koi Gloobabier mēh!
Wo ist das Beschwerdebuch?	Wo isch's Beschwärdebuach?

48

Unterkunft

Frau Wirtin, eine Frage...

Ist Post für mich angekommen?	Isch Boschd fir me dô?
Hat jemand nach mir gefragt?	Hôt äbber nôch mr gfrôôgd?
Und was gibt's bei Ihnen zum Frühstück?	Õnd waß geit's nöh zõm Friehschdigg bei Eāhne?
Frische Brötchen und Brezeln?	Frische Breedla/Weggla önd Brätzla?
Und etwas Schinken und Wurst?	Önd äbbes Schēngga önd Wurschd?
Bringen Sie uns bitte einen Wischlappen, unser Hund hat hier eine Pfütze hingemacht!	Brēngat-Se en Butzlõmba, önzer Hönd hôt dô a Bfitzle nöhgmachd!
Die Pensionswirtin macht aber schon ein sehr unfreundliches Gesicht! (= als ob sie Spinnen gegessen hätte)	D'Wirde guggd graad, alz ob se Schbēnna gfressa hedd!
Morgen früh fahren wir nach Hause zurück.	Morga frieh gôht's widder hoim.
Gleich nach dem Frühstück!	Glei nôch em Friehschdigg!
Kann ich mit meiner Kreditkarte bezahlen?	Kāhn-i midda Kard zahla?
Ich möchte mich noch ins Gästebuch eintragen!	I mechd-me nöh ēnz Gäschdebuach äidraaga!
Es war sehr schön bei Ihnen!	Schēē isch gewä bei Eāhne!
Danke für alles!	Dānggschēē firr ällas!
Sei nicht so geizig, gib dem Zimmermädchen doch auch ein Trinkgeld!	Sei nedd so bhääb, gäbb dem Zēmmermädle doch au äbbas!
Das Geld ist schon in meinem Brustbeutel!	S Gäld hān-e schö em Bruschdbeidl!

Unterkunft

Komplimente

Höchstes Kompliment für eine schwäbische Hausfrau:

»Ha, Sia sähad aber arg abgschaffd aus!«

Wie sagt die züchtige Schwäbin, wenn ihr einer artige Komplimente macht? **»Jetz glaub-i hald au deeß nöh!«** oder stärker **»Kärrle, schwätz koin Bäbb!«**

Wie sagt der höfliche Schwabe, wenn er etwas angeboten oder geschenkt bekommt? Meist:

»Ha, deß hett's doch nedd breichd!«

»Des isch-mr abber a arrge Vrläga-haid!« (stärker)

»Ha, wia kähn-e deß je widder guadmacha?« (ganz stark)

Camping

Endlich sind wir da!
Das ist aber wirklich ein schöner Platz!

Etz hёmmr's gschaffd!
A näddz Blätzle isch deeß!

Da kommt auch schon der Platzwart!

Dô kömmd schö dr Blatzward dahärdabbd!

Haben Sie noch Platz für unseren Wohnwagen?
Was kostet es für ein Auto und pro Person?
Wir brauchen unbedingt Strom-anschluss!

Hênd-Se nöh ân Blatz fir önzern Wöhnwaaga?
Wa koschded deß fir mai Oudo?
Õnd fir jeden võn önz?
Mir brauchad öhbedёngd ãn Schdrõmähschluß!

Dort drüben sind die Sanitäranlagen!

Dô drömma sёnd d'Glooß önd d'Waschraim!

Nun brauchen wir nur noch das Überdach drübermachen, und dann steht unser Zelt!

Etz nöh 's Iberdach driebr, önd schö schdôhd önzer Zäld!

Wann wird das Tor nachts geschlossen?
Wie weit ist's von hier zum Strand-bad und in die Stadt?

Wёnn wirt's Door nachz zuagmachd?
Wia weid isch's von dô zõm Schdrändbaad önd ên z'Schdäddle?

Die Fliegen und Stechmücken sind aber eine echte Plage hier!
Pfui Kuckuck, ist es vor dem Wohn-wagen feucht und schmutzig!

D'Mugga önd d'Schnôôga machad öin jô halba hёё dôhända!
Pfui Deifl, isch deeß abbr feichd önd dreggad vorãm Waaga!

Da hat man im Nu eine schlimme Erkältung!

Dô hôsch öm's Nömgugga ãn baißa Huaschda önd Schnubfa!

50

Unterkunft

Da warten aber lange Schlangen vor den Toiletten!	Gugg-dr blooß di Schlänga äh, di vor de Glooß schdândad!
Dort drüben können wir Federball spielen!	Dô drömma kënnad-mr Fädrball schbiela!
Entschuldigung, kann man hier auch was zu essen haben?	Saaget-Se môl, kriagd-mr dô au waß z'essad?
Die Holzkohle brennt schön!	D'Holzkohl brënnd guat!
Bring jetzt die Würstchen!	Etz brëng d'Wirschdla!
Na, ihr Lausebengel, jetzt habt ihr unser Zelt eingerissen!	Hee, Ihr Saukärle, etz hênd-r önzer Zäld äigrissa!
Schert euch weg!	Gängad zöm Deifl!
Komm, hilf mir, die Heringe reinschlagen!	Komm, hälf-mr doch d'Härëng naischlaga!
Los, setzen wir uns dort ans Lagerfeuer!	Komm, mr hogged önz zu dënne än z'Laagerfeier!
So, Herr Nachbar, wie gefällt es Ihnen hier auf dem Campingplatz?	Hallóle, Härr Nôôchbr, wia gfellt's Eahne nôh uff dem Këmbingblatz?
Unglaublich, mitten in der Nacht so laut zu singen!	So a Sauerei, so loud nôh z'sënga midda ën dr Naachd!
Meine Luftmatratze hat ein Loch! Die Luft geht heraus, sie wird ganz schlapp! Hilfe, in meinem Schlafsack ist eine Maus!	Dô isch a Loch ën mainr Lufdmadratz! Se wirt gänz lömmelich! Hailanzagg, ën maim Schlôôfsagg grabbld a Mouß!

Ferien auf dem Bauernhof

Guten Morgen, Frau Bäuerin! Schönes Wetter heute! So, habt ihr euch gut ausgeschlafen?	Guada Morga, Beirc! Heid isch schëë, gell! So, hênd-r feschd ausgschlôôfa?
Und nun wollt ihr uns ein bisschen bei der Arbeit helfen?	Önd etzedle wellad-r önz a bißle helfa schaffa?
Aber ja! Dürfen wir die Schweine und Gänse füttern? Auch die Hasen?	Ha-freile! Derfat-mr d'Sei önd d'Gëëß fuadera? Au d'Schdallhaaßa?
Das ist ja ein prächtiger Hahn!	Deesch aabr a saubrer Goggl!

Unterkunft

An ihm werden die Hennen ihre Freude haben!
Sieh nur, sind die Küken süß!

Dô kënnad d'Hënna aabr lacha!

Gugg amôl, dia Bieberla sënd ja goldich!

Kommt, Kinder, ihr dürft mir beim Kartoffelernten helfen!

Kommad, Kënder, ihr derfad-mr helfa Grômbiera raußdôä!

Später werden wir
den Stall ausmisten!
Rüben hacken!
Unkraut jäten!
die Wiese mähen!
den Gemüsegarten umgraben!
Johannisbeeren pflücken!
Pflaumen abnehmen!
eine Fuhre Futterrüben holen!

Nôôchhär dëänd-mr
ausmischda!
Riaba hagga!
Ôhgraud robfa!
s' Wießle mäha!
da Gmiaßgarda ômschoora!
Dreibla zobfa!
Zwetschga raadôä!
a Wägele Sauriaba holla!

Ich möchte das Pferd striegeln!
Du kannst ihm auch gleich Hafer geben!

I mechd da Gaul butza!
Kähsch-em au glai an Haabr gää!

Papi, dürfen wir mit den Bauern ins Heu?

Babba, derfad-mr midd en'z Hai?

Vorsicht, der Heuwagen kippt!
Nicht bremsen, Dummkopf!
Schon zu spät! Er ist umgestürzt!

Ohbachd, dr Haiwaga gôhd glei ômme!
Nedd migga, du Seggl!
Schäo z'schbôôd, etz isch-r ômghagaled!

Tja, die Heuernte macht sehr viel Arbeit!

Ha-jô, d'Haiad isch schô a Heidaärbed!

Macht schnell, es gibt gleich ein Gewitter!

Machad nôre, s'geid a Wäddr!

Der Regen hat den Weizen umgelegt!

Där Räga hôdd da Woiza ômghaua!

Mutti, Fritzchen ist in die Jauchegrube gefallen!
Schnell, halte ihm die Jauchekelle hin, damit er rausklettern kann!
Puh, Junge, du riechst aber streng!

Mamme, 's Fritzle isch en d'Gillagruab naighageld!
Dapfer, heb-em da Gillaschapf nôh, dass'r raußgräbbsla käh!
Bfui Deifl, Bua, du schdënggschd nedd schlächd!

Nun müssten die Kühe gemolken werden!
Die Melkmaschine ist kaputt!
Dann muss man halt in Gottes Namen wieder einmal selbst Hand anlegen!

Etz sodda-mr d'Kiah melga!

D'Melgmaschëä isch hëä!
Nô mueß-mr hald en Gott's Näma sälbr nôhlanga!

52

Unterkunft

Gib mir den Eimer!	Läng-mr da Oimer!
Dann kannst du inzwischen auch noch den Schwanz der Kuh festhalten!	Käsch drweilsch au da Kuahschwanz heeba!
Heute Nachmittag bringen wir (die Kuh) Rosa zum Bullen!	Heid middag dëänd-mr d'Roßa zōm Hōmmel!
Wir wollen noch ein Kalb!	Mr wellad nōh a Kälble!
Nehmt die Kehrichtschaufel und verteilt die Pferdeäpfel im Erdbeerbeet!	Nëmmad d'Kudderschaufel ōnd vrdoilad dia Roßbolla em Breschdlëngsbeed!
Warum bellt denn der Hofhund so laut? Der Postbote ist wohl da!	Worōm billd dr Hōnd so saumäßich? 'S wird dr Boschdbot sai!
Heute gibt es nur ein schlichtes Abendbrot! Kartoffeln mit Quark!	Heid ōhbed geit's äbbes oifachs z'essad! Äbbiera midd Luggaleskäß!

53

Unterkunft

Lauft mal rasch in den Garten und bringt mir Petersilie!
Pfui Kuckuck! Ziegenmilch!
Ja meinst du denn, du magst einen Most?

Schbrēngad gschwēnd en da Gaarda ōnd brēngad-mr an Pederlēng!
Äh-pfui-Deifl! Goißamilch!
Ha, moinsch, meegsch Mooschd?

Nanu, Bauer und Bäuerin im Sonntagsstaat?

Hanó, dr Bauer ōnd d'Beire em Sōnndichshääß?

Ja, wir gehen heute
 zu einer Taufe!
 zu einer Hochzeit!
 zur Kirchweih!
 zu einem Begräbnis!

Jô, mr gängad heid
 zurra Kēndsdaif!
 zurra Hochzich!
 uff d'Kirbe nai!
 zurra Leich!

Die Cousine von unserem Großvater ist gestorben!
Ja nun, sie war schon 97, das ist ein schönes, hohes Alter!
Es war eine schöne Beerdigung mit anschließendem Leichenschmaus!

Em Ähne sai Bääßle isch gschdorba!
Hanó, se war schäō sibnanainzich, dô isch d'Hebamm au nēmme schuld!
A schēēne Leich isch gwä!

Sind alle Hennen wieder drin (im Stall)?

Sēnd älle Hēnna hēnna?

So, wieder geht ein arbeitsreicher Tag zu Ende!
Wir sind auch todmüde!
Die körperliche Arbeit ist uns doch sehr ungewohnt!

Sódele, widdr a Dägle rōmgwergld!
Hōnzmiad sēmmer au!
Deß Schaffa midde Hēnd sēmmer hald edd so gwēhnd!

Dafür machen wir morgen aber einen kleinen Ausflug nach Freudenstadt!
Ihr Städter habt es gut!
Unsereins muss eben immer hart arbeiten!
Gute Nacht zusammen!
Schlaft gut!

Abber morga machad-mr drfir a Ausfliegle nôch Fraidaschdadd!
Ihr Schdaddleid hēnt's guad!
Mir Baura miaßad hald ällaweil schaffa wia d'Brōnnabutzer!
Guat's Nächdle midnänder!
Schlôôfad guad!

Noch mehr Sprüche...

Eine sehr alte Volksweisheit besagt: »Von de Reiche käh-mr 's Schbara lerna ōnd von de Arme 's Schēngga!« mugga, alz hedd se midd am Deifel Kuahdregg droscha!«

Freche Bemerkung über eine sommersprossige Dame: »Dui hôt Roß-

Wenn's zuwenig Geld gibt: »Dôfier kähsch koi Goiß bogga lao!« (Für das bisschen Geld kann man nicht mal eine Ziege decken lassen!)

Z'essad ond z'drenggad

Im Restaurant und Café

Können Sie mir ein gutes Restaurant empfehlen?	Kënnat-Se mr a guade Wirdschafd saga?
Oder eine gemütliche Kneipe?	Odder a gmiadliche Boiz?
Ich brauche einen Tisch für fünf Personen!	I breichd en Disch fir fëmbf Leid!
Dürfen wir uns zu Ihnen dazusetzen?	Derfad-mr önz zu Eähne nôhogga?
Fräulein, die Speisekarte bitte!	Frailain, d'Schbeißkard bidde!
Bringen Sie mir (uns) bitte ...	Brëngat-Se mir (önz) ...

Ich nehme (wir nehmen) ...
  ein Bauernfrühstück
  die Ochsenschwanzsuppe
  einen Rostbraten mit Spätzle
  Leberklöße mit Kartoffelsalat
  zwei Spiegeleier mit Spinat
  einen Bückling
  dreimal Seezunge
  Käsespätzle
  das Eintopfgericht
  den Ochsenmaulsalat
  und einen gemischten Salat
  eine Pfannkuchensuppe
  eine Wurstsuppe

I nëm (mir nëmmad) ...
  's Baurafriehschdigg
  d'Oxaschwânzsubb
  en Roschdbröda midd Schbätzla
  Läberschbatza midd Kardofflsalaad
  zwoi Oxaauga midd Schbinaad
  den Biggling
  dreimôl d'Seezõng
  d'Käßschbätzla
  deß Aidobfgrichd
  den Oxamaulsalaad
  önd än gemischda Salaad
  a Flädlesubb
  a Metzelsubb

Was ist das denn: Shrimp-Cocktail?	Wa isch nôh deeß: Schrimb-Koggdail?

55

Z'essad ond z'drenggad

Schwäbische Küche

Die schwäbische Küche ist herzhaft, sehr nahrhaft und Kraft spendend – bekömmliche Hausmannskost. Ihre Raffinesse liegt weniger im kulinarischen Firlefanz als eben in der Qualität der Materialien und der Zubereitung. Dennoch fehlt es im Ländle nicht an hohen und höchsten Prämierungen durch die bekannten Feinschmecker-Päpste.

Am besten schmeckt das schwäbische Essen natürlich, wenn es von einer schwäbischen Hausfrau zubereitet wurde (vor deren kritischem Auge und Gaumen der beste Gastwirt zittert).

Die Spätzle

S. 17

schmecken am besten handgemacht – der Teig aus Weizenmehl, Eiern, Wasser und Salz wird aus lockerem Handgelenk blitzschnell in Winz-Portionen ins sanft sprudelnde Wasser geschabt, und zwar von einem Spätzlesbrett altehrwürdigen Designs. Man meide Fertigspätzle, wenn's geht, und die wahre Schwäbin würde nie zu einer der vielen Spätzlesmaschinen greifen (alljährlich werden davon neue, kühne Konstruktionen zum Patent angemeldet!).

Die Spätzle, oft mit Butter, gerösteten Semmelbröseln, Zwiebelringen oder Speckwürfeln überschmälzt, sind die ideale Beilage zu Braten und Fleisch, schmecken aber auch köstlich als eigenständige Mischgerichte wie **Käsespätzle, Krautspätzle** usw. oder auch als **Leberspätzle** – nicht zu verwechseln mit den Leberspatzen (= Leberklöße)! Lästerern sei gesagt, dass die Spätzle die einzige deutsche Spezialität sind, deren Name in die internationale Sprache der Haute Cuisine Eingang finden konnte! Hanó, isch deß nix?

Die Maultaschen

sind, wenn man einen Vergleich anstellen will, zu groß geratene Ravioli, die laut Thaddäus Troll ganz dem Wesen des Schwaben entsprechen: »In einem unliebenswürdigen Gewand verbirgt sich ein delikater Kern«, das heißt, in einer feinen Nudelteighülle ruht eine köstliche Füllung aus gehacktem Spinat, in Butter angeschmälzten Speckwürfeln oder Bratwurstbrät, Schinken, Hackfleisch, Eiern, Zwiebeln, Petersilie und allerlei Gewürzen.

Sie werden entweder in einer kräftigen Fleischbrühe gereicht oder aber mit Eiern überbacken und mit gerösteten Semmelbröseln, klein gehackter Petersilie oder angebräunten Zwiebelringen gereicht. Dazu gibt es Kartoffelsalat.

Der Sage nach sind die Maultaschen »Herrgottsbscheißerle«: Schlaue Schwaben wollten sich nämlich während der Fastenzeit und freitags wohlgetarntes Fleisch am lieben Gott vorbei in den Magen schmuggeln. Als der liebe Gott den Betrug bemerkte, soll er geseufzt haben: »Hanó, sĕnd halt Schwôba!«

Der schwäbische Rostbraten

wird auf heißem Rost oder in einer schmiede- oder gusseisernen Pfanne gebraten – darüber gelegt werden fein geschnittene Zwiebelringe, die in einer anderen Pfanne in heißem Fett gut geröstet wurden. Dazu gibt es Spätzle und gemischten Salat.

Der Gaisburger Marsch

Eine ganz runde, deftige Sache, ein Kraftspender, dabei gut verdaulich, ein Eintopfgericht, in der Terrine gereicht, bestehend aus Spätzle und Kartoffel-

Z'essad ond z'drenggad

schnitz mit Rindfleisch in einer Fleischbrühe. *Gaisburg* ist ein Stuttgarter Stadtviertel, und einst zu Königs Zeiten durften Fähnriche aus der nahe gelegenen Kaserne zu einem billigen Sonntagsmahl in eine dortige Wirtschaft *marschieren* – daher der Name!

Linsen und Spätzle

Noch so eine Speise für echte Leistungsträger! Dazu gibt es Rauchfleisch oder heiße **Seiden-** oder **Saitenwürstchen** (pikante Brühwürste) – ein vortreffliches Essen für kühlere Tage.

Schupfnudeln

sind kleinfingerdicke Gebilde aus vorgekochten und geriebenen Kartoffeln, Eiern und Gewürzen, in heißem Butterschmalz rundum knusprig gebraten oder mit verquirlten Eiern übergossen und goldgelb überbacken.

Wegen ihrer suggestiven Form werden sie liebevoll auch **Bubaspitzla** genannt (wörtlich übersetzt: Knaben-Penisse!). Sie werden zu Sauerbraten und anderen Braten gereicht oder auch mit Sauerkraut verspeist.

Die Flädle

sind dünne Eierkuchen, als Beilage zu Spargel usw. oder gefüllt mit Hackfleisch oder auch mit »Gsälz« (hausgemachter Marmelade), oder aber in dünne Streifen geschnitten in Fleischbrühe als Flädlesupp gereicht.

Weitere empfehlenswerte Gerichte

Schwäbischer Sauerbraten mit Kartoffelklößen oder Spätzle, **Sauerkraut mit Kesselfleisch, Metzelsupp** (eine Wurstbrühe vom Schlachtfest), **Saure Nierle** oder **Kutteln** mit Röstkartoffeln, **Gemischter Braten** (Rind, Kalb und Schwein), **Saure Kartoffelrädle, Gurkengemüse, Spinatpudding, Krautwickel, Schwäbischer Wurstsalat** (mit und ohne Käse), **Nudelsalat,** (süße) **Dampfnudeln,** warmer **Zwiebelkuchen.**

Es ist uns ein Anliegen, einem bundesweiten Irrtum zu begegnen: **Kartoffeln** (auch »Grombiera« = Grundbirnen oder »Äbbiera« = Erdbirnen genannt) werden in Württemberg reichlich angebaut – und selbstverständlich auch gegessen. Davon zeugen die vielen, vielen Rezepte für leckere Speisen, die vom **Kartoffelgemüse** über saure **Kartoffelrädle, Kartoffelauflauf** und den oben genannten **Kartoffelsalat** bis zu den delikaten **Kartoffelklößen** reichen.

Die Laugenbrezel

S. 12

Lasst uns noch ein Denkmal setzen der legendären schwäbischen Laugenbrezel, indem wir Stuttgarts beliebten ehemaligen Oberbürgermeister Manfred Rommel zitieren, der bei der Eröffnung einer Bäckermesse die heimischen Brezeln einst als »Anabolika und Ginsengwurzeln der Schwaben« bezeichnete und sie mit folgendem Reim pries:

»Der Schwaben Klugheit?
   Dieses Rätsels Lösung heißt:
   Die Laugenbrezel.
Schon trocken gibt dem Hirn sie
   Kraft,
Mit Butter wirkt sie fabelhaft,
Erleuchtet mit der Weisheit Fackel
Noch das Gehirn vom größten
   Dackel!«

Z'essad ond z'drenggad

Immer was Neues!	Ällaweil äbbes Neiß!
Krebse und solches Zeug esse ich aber nicht!	Gräbbs önd soddichs Glömb äß i fai nedd!
Und ja keine Artischocken oder Avocados!	Önd bloß koine Ardischogga oddr Afokadoß!
Ich bin nicht sehr hungrig! Ich bin sehr hungrig!	I hän koin rächda Hönger! I hän an Sauhönger!
Und was wollen wir zum Trinken nehmen?	Önd waß drëngga-mr?
Ein Fläschchen Rotwein!	A Fläschle Rooda!
Ich nehme ein Glas Trollinger...	A Virdale Drollinger...
...und für mein Töchterchen einen Grapefruitsaft!	...önd fir mai Gloine en Grabbfruidsafd!
Wir wollen nur einen Imbiss zu uns nehmen!	Mir welled bloß äbbes väschbara!
Ich habe Magenprobleme!	I hän'z em Maaga!
Ich hab's eilig!	Mir brässiert's!
Wo sind denn hier die Toiletten, bitte?	Wo isch'n 'z Gloo dôhënna?
Guten Appetit!	En Guada!
Prosit!, Zum Wohl (der Herr)!	Brooschd (, Herr Nôchber)!
Jetzt bringt sie unser Essen! Na endlich!	Jetz brëngt-se'ß! 'S wird ähfänga Zeid!
Reich mir bitte Essig und Öl!	Gäbb-mr amôl 's Essich önd Eel rõm!

Schwäbische Feinschmecker...

Der Rehbraten riecht etwas ranzig!	Der Rehbrôda meicheled a bißle!
Das ist angebrannt (versalzen, köstlich)!	Deß isch ähbrennd (vrsalza, guad)!
Das schmeckt ja grässlich (nach nichts)!	Deß schmeggd jô scheißlich (nôch oigschlôôfene Fiaß)!
Dabei kann es einem ja ganz übel werden!	Dô lupft's oim da Maaga!

Z'essad ond z'drenggad

Sei nicht so heikel – das wird schön aufgegessen!	Sei nedd so schleggich – deß wird ratzebutz uffgessa!
Nimm du noch den Rest in der Schüssel!	Mach d'Schissl voll läär!
Hier draußen auf der Terrasse geht ja ein schrecklicher Wind! Da weht es einem glatt die Nudeln von der Gabel!	Dô hussa uff dr Terraß gôhd a Sauwēnd! Dô wedelt's oim jô d'Nudla ōm d'Gosch rōm!
Ich hatte doch aber Grießklößchen bestellt!	I hän aigendlich Griaßgleeßla wella!
Der Salat ist mir zu sauer (*oder* scharf)!	Der Salaad isch-mr z'rääß!
Die Soße ist sehr pikant!	Dia Soß isch sähr rezénd!

S. 15

Z'essad ond z'drenggad

Die Speisekarte

Frühstück
Brezel
Brötchen
Butter
Ei, weich gekocht
Hörnchen
Käse
Kaffee
mit Zucker/Süßstoff
Laugenbrötchen
Marmelade
Wurst, Schinken
(Schlag-)Sahne
Tee (mit Zitrone)

Friehschdigg
Brätzl
Breedle/-la, Weggle/-la *(Sg./Pl.)*
Buddr
waichs Ai
Hërnle *(Sg.)*, Hërnla *(Pl.)*
Kääß
Káffee, *oft auch* Kafféе
mid Zuggr/Siaßschdoff
Laugaweggle *(Sg.)*, Laugaweggla *(Pl.)*
Gsälz
Wurschd, Schëngga
Schlaagrahm
Tee (mid Zidrōōn)

Suppen
Pfannkuchensuppe
Gemüsesuppe
Grießklößchensuppe
Leberklößchensuppe
Tomatensuppe

Flädlesubb
Gmiaßsubb
Griaßgleeßlessubb
Läbrgleeßlessubb
Tomaadasubb

Fleischgerichte
Braten
Eintopf
Frikadellen
Gekröse
Kalbs(nieren)braten
(Kasseler) Rippe
Kesselfleisch
Kotelett
Krautroulade
Leber
Leberspatzen (= Leberklöße)
Leberspätzle
Maultaschen
Rinderbraten, Rindfleisch
Rostbraten, Rumpsteak
Sauerbraten

Brôôda
Aidobf
Flaischkiechla, Flaischgleeßla
Kuddla
Kalbs(niera)brôôda
Ribble
Kesslfloisch
Koddlädd
Groudwiggl
Läbr
Läberschbatza
Läberschbätzla
Mouldascha
Rëntsbrôôda, Rëntfloisch
Roschdbrôôda
Sourbrôôda

Fische
Brathering
Bückling
Forelle
Karpfen
Scholle
Seezunge

Fisch
Brôôdhärëng
Biggling
Foräll
Karrbfa
Scholl
Seezõng

Z'essad ond z'drenggad

Geflügel/Wild
Ente
Gänsebraten
Hähnchen
Hasenbraten
Rehkeule
Truthahn
Wildschwein

Salate und Gemüse
Blumenkohl
Bohnen, grüne
Feldsalat
Gurken
Karotten
Radieschen
Rotkraut
Rosenkohl
Sauerkraut
Sellerie
Spargel
Spinat
Tomaten

Kleine Zwischenmahlzeit
Heringsbrötchen
Lachsbrötchen
Leberwurstbrot
Schinkenbrot, Schinkenwurst
Rührei mit Speck
Spiegelei
Wurst, Bratwurst

Obst
Äpfel
Birnen
Erdbeeren
Johannisbeeren
Kirschen
Pflaumen
Trauben

Dessert
Apfelkuchen
Berliner
Eierkuchen
Napfkuchen
Quark
Törtchen

Gfliegl/Wild
Ênd
Gôôßbrôôda
Geggale
Haaßabrôôda
Rehschleegl
Druadhâhn
Wildsau

Bloãmakêhl
greãne Böhna
Aggrsalaad
Gurga
gälbe Riaba
Radießla
Rôôdgroud
Rôôßakêhl
Sourgroud
Sällri
Schbargl
Schbinããd
Tomããda

Väschbr (= Vesper)
Härêngsbreedla
Laxbreedla
Läbrwurschdbrood
Schênggabrood, Schênggawurschd
Riehrai mid Schbägg
Oxaaug
Wurschd, Brôôdwurschd

Obschd
Ebfl
Birna
Bräschdlêng
Dreibla
Kirscha
Zwätschga
Drauba

Nôôchdisch
Ebflkuacha
Bärliner, Fäsnetskiachla
Pfännakuacha
Guglhofb
Quarg
Derdla

Z'essad ond z'drenggad

Jetzt hätte ich Lust auf ...	**Jetz hedd i Glischda uff ...**
ein Dessert	en Nôchdisch
Obst	Obschd
ein Erdbeertörtchen	a Breschdlēngsderdle
Schokolade- und Vanille-Eis	a Schogglaad- önd Fanill-Eiß
mit Sahne	midd Schlaagrähm
Pflaumenkuchen	en Zwedschgakuacha
eine Buttercremetorte	a Buddergrēēmdord
ein Stück Napfkuchen	a Schdiggle Guglhopf
einen Apfelkuchen	än Ebflkuacha
süßes Gebäck	siaße Schdiggla

Reich mir mal die Zuckerdose!	Gäbb-mr amôl da Zuggr rom!
Hier fehlt noch eine kleine Gabel (ein kleiner Löffel)!	Mir fähld nõh a Gäbale (Leffale)!
Bringen Sie mir noch ein Glas von diesem trockenen Wein!	Brēngat-Se mr hald nõh a Virdale von dem Sēmsagräbbsler!
Das ist aber wirklich ein guter Tropfen!	Desch fai a guads Drepfle!
Da ist viel zu viel Sahne drauf!	Dô isch jô viel z'viel Schlaagrähm druff!
Huch, jetzt ist mir ein Stück vom Kuchen runtergefallen!	Hobbla, jetz isch-mr a Kuachaschdiggle näāghageld!
Tja, der Bauer isst halt nichts ungesalzen!	Hanó, dr Bauer frißd nix öhgsalza!
Trink doch nicht so viel, mein Schatz!	Sauf nedd so, Schätzle!
Vorsicht, du stößt gleich die Flasche um!	Baß uff, schmeiß dia Flasch nedd öm!
Die Bedienung ist schon sehr langsam hier!	Dera Kellnere käsch önderwägs d'Schuah ausziaga!
Die Rechnung bitte!	I dääd gärn zahla!
Da müssen Sie sich aber geirrt haben!	Deß käh fai nedd schdēmma!
Der Rest ist für Sie!	'S isch guad so!
Meine Güte, habe ich jetzt aber viel gegessen!	Haidenai, bēnn i vollgfressa!
Jetzt hab' ich auch noch einen Schluckauf!	Jetz hänn i au nõh da Hägger!
Dafür wird heute Abend gefastet!	Zõm Nachdessa gibd's dafir a Nixle ēmma Bixle!

62

Z'essad ond z'drenggad

Weinprobe

Von hier oben hat man einen herrlichen Blick aufs Neckartal! Bei uns ist's halt am schönsten!	Vo dô ōba guggd-mr schēē ēn'z Neggerdal nä! Bei ōnz isch hald am schēnschda!
Nichts wie Weingärten ringsum an den Hängen! Die Rebstöcke sind voll mit Trauben!	Nix wia Wēngert rēngsrom ān de Biggl! Dia Rääbschdegg hāngged schēē voll mid Drauba!
Nun, das wird wieder ein gutes Tröpfchen dieses Jahr!	Ha, deß gibd widder a guads Drepfle deß Jôhr!
Komm, jetzt gehen wir ins Tal hinab zur Kelter! Ich will ein paar Weinchen kosten!	Kōmm, etz gänged-mr nōnder ēn d'Kälder! I mechd a baar Waila probiera!
Guten Tag, Herr Kellermeister! Dürfen wir eintreten? Oh, das ist aber ein mächtiges Gewölbe! Sieh dort die großen Lagerfässer!	Grieß Godd, Kellermoischdr! Derfad-mr raikömma? Hanó, deesch aaber a mächdichs Gwelb! Gugg môl dord die graußé Laagerfässer!
So viele Maschinen und Ausrüstung!	So viele Maschēēna ōnd Sach!
Gehen wir in die Probierstube und machen's uns gemütlich!	Komm, mr gänged ēn 's Probierschdieble ōnd machet's ōnz gmiadlich!
Da kommt der Weinküfer! Wir möchten gern ein bisschen Ihre Weine probieren!	Dô kommd dr Waikiefr! Mir dääded gärn a baar vōn Ihre Wai probiera!

S. 12

Z'essad ond z'drenggad

So – was ist denn das für einer? Ein Schwarzriesling? Tja, denn Prost!	Sodele – wa isch nôh deeß fir õiner? A Schwarzriaßlẽng? Hanó, dänn Brooschd!
Was machst du nur? Nicht so runterstürzen, Mensch!	Wa machsch denn? Nedd so nâsaufa, Mäh!
Erst mal den Wein schön um die Zunge spülen, dann spürst du den Geschmack richtig!	Ersch môl da Wai schẽẽ ẽn dr Gosch rõmwärgla, nôh märgsch da Gschmagg richdich!
Nicht übel, vielleicht ein bisschen zu lieblich!	Nedd schlächd, villeichd a bißle z'woich!
So – jetzt aber ist es Zeit für einen Trollinger!	Sodele, jetz isch Zeid fir än Drollinger!
Prost! Mmm, der Wein ist gut!	Brooschd, Leidla! Mmm, isch där guad, desch hald a Sach!
Hier gefällt's mir, hier bleiben wir!	Dô gfelld mr's, dô bleibad mr!
Los Leute, singen wir eins: „Jetzt geh ich an's Brünnele, trink aber nicht …"	Loß, Leidla, sẽngad-mr a Liadle: „Jetzt gäng-i än z'Brinnale, drẽngg aabr net …"

Was trinkt man?

Nun, da gibt es eine Vielfalt von gutem Mineralwasser und erstklassigen Biersorten, aber das Hauptgetränk ist nun mal der **Wein**. Laut Statistik sind die Schwaben Deutschlands eifrigste Weintrinker (Virdelesschlotzer).

Im Ländle überwiegen die roten Rebsorten, an der Spitze der **Trollinger** und der **Lemberger**, zwei leichte, fruchtige und angenehme Rotweine, die auch in inniger Verbindung als **Trollinger mit Lemberger** auftreten. Weitere beliebte Rote sind der **Schwarzriesling**, der **Samtrot** und die **Heroldrebe**. Bei den Weißweinen überwiegen **Riesling, Müller-Thurgau**, der sehr liebliche **Kerner** (eine Neuzüchtung aus Riesling und Trollinger) und der **Silvaner**. Der **Schillerwein** ist trotz des äußeren Anscheins kein Rosé, sondern ein durch Verschnitt von weißen und roten Trauben erzeugter so genannter Rotling.

Bedeutende Weinbauorte, die meisten im Raum zwischen Stuttgart und Heilbronn gelegen, sind: Abstatt, Bad Cannstatt, Brackenheim, Flein, Gundelsheim, Heilbronn, Kleinbottwar, Maulbronn, Mundelsheim, Neipperg, Schwaigern, Stetten (im Remstal), Stuttgart, Weikersheim oder Weinsberg.

Gern getrunken, besonders auf dem Land, wird auch der süffige **Apfel-** oder **Birnenmost** (Mooschd). Sehr gut sind auch die hausgebrannten Obstschnäpse (Obstler), insbesondere der exzellente **Schwarzwälder Kirschengeist**. Also dann, Leutla – »en Guada õnd Brooschd!"

64

Besichtigung

Was für Sehenswürdigkeiten gibt es hier?	Wa geit's dô Endressänds zom Āhgugga?
Wir möchten gern das Schloss besichtigen!	Mir wellad's Schloss gärn säh, von ēnna!
Muss man da Eintritt bezahlen?	Muaß-mr dô Aidridd zahla?
Und was kostet das?	Ōnd wa koschd deeß nôh?
Tja, wollen wir uns das leisten?	Hanō, wellad mr soviel ausgäh?
Ist da auch immer eine Führung dabei?	Isch dô au ēmmer a Fiehrōng?
Nun sind wir auf der Zugbrücke!	Etz sēmmer uff dr Zugbrigg!
Schau nur, da unten ist der Burggraben!	Gugg amôl, deß dô ōnda isch dr Burggraaba!
Da drin haben sie damals Bären gehalten!	Dô wared dômôlz ächde Bära drēnna!
Das Eingangstor ist ja gewaltig!	Mai Liaberle, deß Door isch villeichd ābbas!
Alle Achtung, diese Steintreppe ist ja prächtig!	Hailichsblechle, dui Schdaffl dô isch nedd schlächd!
Da kommt unsere Führerin!	Dô isch ōnzer Fiehrere!
Auch nicht mehr gerade die Jüngste!	Au nēmme graad die Jēngschd!
Und nun betreten wir den ersten Saal!	Ōnd etz kōmma-mr ēn da erschda Saal!
Donnerwetter, all diese Gemälde von den Ahnen!	Saag amôl, soviel Bilder vōn selle Vorfahra!
Das sind alles Grafen und Fürsten!	Lauder Grafa ōnd Firschda!

Besichtigung

Die Gräfin von Hermsburg ... also so schön war die auch nicht gerade!	Dô d'Gräfe von Hermsburg ... so schēē war die au widder nedd!
Sei doch mal ruhig, Junge! Ich möchte gern hören, was unsere Führerin sagt!	Hald amôl dai Gosch, Jönger! I dääd gärn heera, wa önzer Fiehrere said!
Da, eine Madonna mit ihrem Kind – schau doch nur, wie lieb sie es anblickt! Und hier das goldene Tafelgeschirr! Einfach prachtvoll! Sieh nur, der herrliche Brokatteppich an der Wand! Phantastisch!	Dô d'Madõnna middãm Kĕndle – gugg, wie liab se's ãhguggd! Õnd dô, dia goldane Deller önd's Gschirr! Schõ sauguad! Gugg amôl, där dolle Brogaaddebbich an der Wand! Fãndasdisch!
Und da diese wunderschönen Zinnkrüge! Daraus haben sie früher ihr Bier und den Wein getrunken!	Õnd dô, dia glasse Zēnnkriag! Auß dēnne hēnd se dômôlz ihr Bier önd de Wai drõngga!
Nun sind wir im Rittersaal. All die schönen Rüstungen, Schwerter und Lanzen! Schau nur, der Morgenstern dort drüben!	Õnd etz sēmmer ēm Riddersaal. Schēē, äll di Rischdõnga, Schwärder önd Schbeer! Gugg amôl, där Morgaschdärn dô!

Sehenswertes

Abtei	Abdei
Altar	Aldaar
Altstadt	Aldschdadd
Ausgrabungen	Oußgrabõnga
barock	barogg
Bibliothek	Bibliodeeg
Botanischer Garten	Bodãnischr Garda
Brauchtum	d'Breich
Brücke	Brigg
Brunnen	Brõnna
Burg	Burrg
Deckenmalerei	Deggamôlerei
Fassade	Fassaad
Festung	Feschdõng
Fremdenführer(in)	Frēmdafiehrer(e)
Führung	Fiehrõng
Garten	Garda
Gasse	Gaß
Gebirge	d'Bärg
Gemälde	Gmäälde
Gewölbe	Gwelb

Besichtigung

Den würde ich nicht gern auf den Kopf kriegen!	Dēēn dääd i nedd gärn uff da Meggl griaga!
Was haben die Ritter damals wohl gemacht, wenn sie dringend mussten?	Wa hēnd di Ridder dômôlz gmachd, wĕnn se hēnd soicha missa?
Jetzt kommen wir in die Folterkammer!	Etz gôht's ēn d'Folderkammer!
Ah, das sind die berühmten Daumenschrauben!	Ha, deß dô sēnd die beriehmde Daumaschrauba!
Und hier das Hinrichtungsbeil, mit dem sie den Leuten die Köpfe abgeschlagen haben!	Ōnd 's Beil, mid dem se de Leid da Riebel ähgschlaga hēnd!
Und hier geht's entlang zum Burgverließ!	Dô gôht's etz nai ēn'z Vrließ!
Da drin würde ich ungern jahrelang schmachten!	Dô drēnna dääd i au nedd gärn Jôhr ōm Jôhr hogga!
Jetzt noch rauf in den Turm!	Ōnd etz nō nuff ēn da Turm!
Von da oben hat man eine tolle Aussicht!	Vo dô droba sieht-mr schēē ēn z'Ländle!
Das war alles sehr eindrucksvoll!	Deß hôt-mr ällas gänz guad gfalla!

Grotte	Grodd
Kapelle	Kabell
Kloster	Glooschdr
Kreuz(gang)	Greiz(gäng)
Krypta	Gribbda
Künstler(in)	Kinschdlr(e)
Kunst(gewerbe)	Künschd(gwärb)
Kuppel	Kubbl
Malerei	Môôlerei
Mittelalter	Middlaldr
Palast	Balaschd
Plastik	Blaschdig
prähistorisch	brähischdorisch
Rathaus	Raadhouß
restauriert	reschdoriird
Ruine	Ruihn
Säule	Seile
Schlösschen	Schleßle
Skulptur	Skulbduur
Stadtmauer	Schddaddmour
Statue	Schdaadue
Stil	Schdiehl
Wappen	Wabba

Urlaub aktiv

Zu Fuß unterwegs

Wie heißt dieser Berg?	Wia hoißd där Berg/Buggl dô?
Kann man da hinaufklettern?	Käh-mr dô nuffgräbbsla?
Da geht es aber steil hoch!	Dô gôht's abber schdeil nuff!
Da werden einem die Knie weich!	Dô griagsch da Gniaschnaggler!
Schauen Sie, von hier oben sieht man den Bodensee!	Gugget-Se, von dô oba sieht-mr bis zöm Bodasee nää!
Die Bäume im Schwarzwald sind auch nicht mehr so toll!	D'Bēēm em Schwarzwald sēnd au nēmme deeß!
Was hast du denn alles in deinem Rucksack?	Wa hôsch'n älles en daim Ruggsäggle drenn?
Einen Plastikregenmantel und etwas Proviant!	A Räägamēndale aus Blaschdich önd mai Väschbr!
Hier riecht es nach Heu!	Dô schmeggt's nôch Hai!
Renn doch nicht so!	Sau nedd so!
Nur keine Hast!	Nöh nedd huudla!
Immer mit der Ruhe!	Nöh nex narrets!
Ich bekomme eine Blase am großen Zeh!	I griag a Blôôdr am großa Zaia!
Ich bin ganz erschöpft!	I bēnn halba hēē!

68

Urlaub aktiv

Du hast immer was zu meckern!	Du hôsch ällaweil was z'bruddla!
Wie wär's mit einer Imbisspause?	I glaub, mr sodded äbbas väschbara!
An meinem Marmeladebrot ist eine Ameise!	En maim Gsälzbrod grabbeld a Ãhmaiß rõm!
Und schon sind die Wespen da!	Õnd schõ sênd d'Weffzga dô!

Wetterkapriolen

Es ist so heiß und schwül! Ich schwitze wie toll!	Deesch abber hoiß õnd dêmbfich heid! Mir laufd graad d'Briah raa!
Nun haben wir's geschafft!	Etz hêmmer's!
Gleich geht's bergab!	Glei gôht's aabersche *(oder)* nãã!
Siehst du das Wetterleuchten dort? Ein schlechtes Zeichen! Ich fürchte, wir bekommen ein Gewitter!	Siesch deß Wädderleichda dô hênda? Deß siehd net guad ous! I glaub, mr griaged a Wäddr!
Es tröpfelt! Es regnet Bindfaden!	'S drebfeled! 'S schidded wia midd Kiebl!
Wir sind ganz durchnässt!	Jetzt sêmmer abber soichnaß!
Vorsicht, tritt nicht in den Kuhmist!	Baß uff, dabb nedd en den Kuahdrägg nai!
Es wird herbstlich!	'S herbschdaled!
Es wird langsam dunkel!	'S wird ãhfãnga dõnggl!
Keine Menschenseele weit und breit!	Koi Sau õm da Wääg!
Nur noch über die Brücke, dann sind wir im Dorf!	Bloß nõh iiber deß Briggle, nõh sêmmer glei em Flegga!
Jetzt donnert es auch noch!	Etz hôt'z sogar donnerd!
Ich sehe lauter dunkle Wolken.	I si lauder dõnggle Wolga.
Dann aber rasch in das nächste Gasthaus!	Nôh abbr nix wia ênd näggschde Wirdschafd!
Es war zwar ein anstrengender Ausflug, aber insgesamt doch recht angenehm!	'S hôt õin schõ gschlauchd, õnzer Oußfliegle, abbr schêê isch hald doch gwä!

| Urlaub aktiv |

Sportarten

Die Seilbahn ist unverschämt teuer!	Dia Soilbāh isch abber saumäßich deier!
Unser Sohn besucht eine Segelschule!	Ōnzer Jōnger gôht ēn a Seglschual!
Zum Motorbootfahren benötigt man eine Art Führerschein!	Zōm Modóorboodfahra brauchsch fai au so äbbes wie ān Fihrerschoi!
Rudern ist gut für den Rücken!	Ruadara isch gsōnd fir's Greiz!
Kommst du mit dem Surfbrett zurecht?	Kommsch z'schdroich midd em Serfbrädd?
Surfen ist ein Kinderspiel!	Serfa isch hopfaleichd!
Man muss nur aufpassen, dass man das Surfbrett nicht auf den Kopf bekommt!	Mr muaß bloß uffbassa, dass mr 's Serfbredd nedd uff da Dääz griagd!
Da staunst du, was?	Gell, dô glotsch!
Ich halte mich mit Jazzgymnastik in Form!	I hald me fidd midd Tschäßgimnaschdich!
Gehen wir zur Rodelbahn?	Gānga-mr zur Schliddabäh?
Ich kann nur den Stemmbogen, aber nicht wedeln!	I käh bloß da Schdēmmboga, abber nedd weedla!
Mein Skistock ist abgebrochen!	Mir isch dr Schischdegga āhgrachd!
Ich bin bei der Abfahrt gestürzt und habe mir den Knöchel verstaucht!	I bēh beim Nāzuaß nôghagld ōnd hān mr da Knechel vrschdouchd!

Badefreuden

Ist das Baden hier gestattet?	Derf-mr dô baada?
Ist das Schwimmbecken geheizt?	Isch deß Begga ghoizt?
Kann man hier ... leihen?	**Käh-mr sich dô ... vrdlēähna?**
einen Badeanzug	en Badāhzug
eine Badehose	a Badhoß
ein Handtuch	a Hānduach
einen Schwimmgürtel	en Schwēmmgirdl
einen Sonnenschirm	en Sōnnaschirm
eine Taucherausrüstung	a Daucherausrischdōng
ein paar Heringe	a baar Hārēng
Nicht ins Wasser springen, sonst schimpft der Bademeister!	Jô ned naihopfa, sōnschd goschd dr Baadmoischdr!

70

Urlaub aktiv

Wirf mir mal den Wasserball zu!	Schmeiß-mr amôl da Wassrball här!
Da drüben wird nackt gebadet! Diese Ferkel!	Dô drömma dëänt-se näggich baada! Sodde Dräggsei!
Am liebsten liege ich den ganzen Tag am Strand!	Am gärnschda dua i da gänza Daag am Schdränd römschdragga!
Öle mir bitte den Rücken ein!	Reib-mr amôl da Buggl ai!
Wenn das Wasser sauberer wäre, würde ich gern noch einmal schwimmen gehen!	Wänn'z Wassr seibrer wär, nöh dääd i schō gärn nōmôl a bißle schwēmma!
Die Mücken machen mich halb verrückt!	Dia Schnôga mached me greiznarred!
Da ist wieder diese Norddeutsche mit ihrem Kurschatten!	Dô isch widder die Norrdeidsch midd ihrem Kurschadda!
Da haben sich zwei gefunden! Jetzt verziehen sie sich auch noch in ein Gebüsch!	Dô hēnd sich zwoi gfönda! Dô, etz gänget-se au nöh zsamma hēnder en'z Gebisch!

Urlaub aktiv

Badehose	Badhooß
Badekappe	Badkabb
Bademeister	Badmoischdr
Drachenfliegen	Drachafliega
Federball	Fäädrball
Hallenbad	Hallabaad
Hütte	Hidde
klettern	gläddara
Liegestuhl	Liegeschduähl
Luftmatratze	Luufdmadratz
Rad fahren	raadla
Ruderboot	Rudrbood
Schatten	Schadda
Schlitten	Schlidda
Schlittschuh laufen	Schliddschuah laufa
segeln	seegla
Ski fahren	Schie fahrä
Spielplatz	Schbielblatz
Sportplatz	Schbordblatz
Sprungbrett	Schbröngbrädd
Surfbrett	Serfbrädd
surfen	serfa
Tretboot	Dräddbood

Urlaub aktiv

Im Mineralbad

Komm, lasst uns ins Mineralbad gehen, nach Cannstatt!	Komm, mr gängad ën'z Mineraalbaad nôch Cannschdadd!
Das Wasser dort prickelt so schön!	Deß Wässerle dord bitzeld so schëë!
Ich gehe erst ins heiße Becken! Aber erst gut einseifen und abduschen! Sonst schimpft der Bademeister!	I gäng ersch ën'z hoiße Begga! Abbr z'ersch guad aisoifa önd duscha! Sönsch schëmbfd dr Baadmoischdr!
Richtig schwimmen darf man hier ja nicht!	Richdich schwëmma derf-mr dô fai nedd!
Da bist du wie in einer Kur!	Dô bisch wia ën'ra Kuur!
Und mach ja keinen Bauchplatscher hier drin!	Und jô koin Bouchpfladschr dôhënna!
Da, der junge Kerl krault einfach durch die Leute hindurch! Da muss man aufpassen, dass man seine Füße nicht ins Gesicht bekommt!	Dô, där jönge Sëmbl grould oifach durch d'Leid! Dô muasch uffbassa, dass de saine Fiaß nedd ën'z Gsicht griagsch!
Dieses Wasser macht einen aber todmüde, man möchte es gar nicht glauben!	Deß Wässerle machd öin abbr halba hëë, mr dääd's nedd dëngga!

Wellness

Aber dass man es auch noch trinken kann, das ist schon was! Soll gut sein für alles, für den Kreislauf, die Leber, die Nieren, den Stuhlgang und so weiter!	Abbr deß mr's au nöh drëngga käh, deß isch schö äbbas! Soll jô guad sai fir ällas – fir da Graißlauf, fir d'Läbr, d'Niera, Schduahlgang önd so Sach!
Hach, wie schön das sprudelt aus dieser Düse!	Ha, wia schëë deß schbruudaled ous derra Dieß!
Ach, da kommt die junge Dame wieder mit ihrer Wassergymnastik! Gehen wir! Ich habe keine Lust dazu! Na klar! Wozu sollen wir uns denn auch noch schinden!	Au, dô kommd deß Mädle widder mid derra Gimnaschdich ëm Wassr! Gänged-mr! I hän koi Luschd drzua! Ha-jô, z'waaß sich au nöh abblôôga!
Gehen wir noch ins Dampfbad oder die Sauna? Nein, ich gehe jetzt hinaus ins Kaltbecken!	Gänged-mr nöh ën'z Dämbfbaad oddr ën Zouna? Noi, i gäng etz nauß ën'z Kalde!

Dann fühle ich mich gleich zehn Jahre jünger!	Nôh fiehl i mi glei zēah Jôhr jēngr!
Und danach legen wir uns auf den Rasen, in die Sonne! Dann wird's gemütlich!	Õn'nôh legad-mr önz uff d'Wieß, ēn Zōnn! Nôh wird's gmiadlich!
Man würde es nicht glauben, aber wir haben mehr Mineralwasser als Bier, Most und Wein zusammen!	Mr dääd's need glauba, abbr mir hēnd meh Mineraalwassr alz Bier, Mooschd önd Wai!

In der Sauna (bei den Damen)

Hallo Frau Reuschle! So, auch mal wieder hier?	Hallóole, Frau Reischle! So, au widder dô?
Einen Moment, ich setze mich gleich zu Ihnen hinauf, dort ist's heißer!	Wardet-Se gschwēnd, i hogg mi glei zu Ēähne nuff, dô isch hoißer!
Dann können wir plaudern!	Nôh kēnna-mr a Schwätzle macha!

S. 23

Urlaub aktiv

Puh, die Aufsicht gießt schon wieder Wasser auf!

Uh, d'Wärdere giaßt schö wiedr auf!

Ich schwitze ganz schrecklich!

I schwitz wia d'Sau!

Tja, das öffnet und reinigt die Poren!

Ha-jó, deß dreibd da Dregg außem Ränza!

Sie sehen heut aber schlank aus, Frau Gauger!

Ha, Sie sähed heid aaber schlängg aus, Frau Gauger!

Kann nicht sein, ich habe doch zweieinhalb Kilo zugenommen!

Käh nedd sai – i hän doch fêmpf Bfönd zuegnömma!

Mir schmeckt eben die Rumflockentorte vom Café Mollenkopf so sehr!

I môg hald d'Ruhmfloggadord vom Káffe Mollakobf so arg!

Ob ich mich liften lassen sollte?

Ob-e-me lifda lassa sodd?

Da, sehen Sie nur! Diese Fettpölsterchen unten am Rücken!

Dô, gugget-Se nö! Dia Schbäggwargla hênda am Rigga önda!

So ist es eben! Das Fett kommt und geht! Meistens kommt es!

So isch hald! Deß Fädd kommd önd gôhd, meischdenz kommt's!

Jetzt gießt sie schon wieder auf!

Jetz giaßd-se schö wiedr uff!

Ich bin schweißgebadet!

Mir laufd graad d'Briah raa!

Das Thermometer zeigt neunzig Grad an!

Dr Thermomeedr schdôhd uff nainzich!

Stoßen Sie mal die Frau neben Ihnen an, die schnarcht ja!

Schdupfet-Se amôl dia Frau näbadräh, di schnarchd jô!

Immer dasselbe! Kaum legt sie sich hin, schon schläft sie!

Êmmer's gleiche – kaum schdragtse sich nôh, scho schlôôft-se!

Wichtige Gespräche...

Ich muss Ihnen dringend was erzählen: Frau Wenger, Sie kennen sie ja, lässt sich scheiden!

Jetzt mueß-i Êahne abbr äbbes vrzehla: D'Frau Wenger, Sie kênnat-se jô, will sich scheida lassa!

Na, so was! Ich bin sprachlos!

Ha so äbbes! Jetz kähn-i gar nêmme!

Ihr Mann, Abteilungsleiter ist er, hat ein Verhältnis mit seiner Sekretärin!

Ihr Mäh, Abdoilõngslaider isch-er, hôt's midd sainer Segredäre!

Die Ärmste! Ihr Leben ist auch kein Honiglecken!

Di-arm Frau! Derra ihr Läba isch au koi Schläckhafa!

Sie ist mit den Nerven am Ende!

Se isch gänz hônda midd de Nerfa!

Und sie ist auch nicht mehr die Jüngste!

Se isch au koi heirichs Häsle meh!

Und denken Sie nur, die Frau Pastor hat gesagt, sie würde die Grünen wählen!

Õnd dênggat-Se nö, d'Frau Pfarrer hodd gsagd, se dääd dia Grêäne wehla!

Urlaub aktiv

Von der Politik verstehe ich nichts, das überlasse ich ganz meinem Mann!	Von dr Bolidigg vrschdänd-i nix, deß isch maim Mäh sai Sach!
Sie, Frau Reuschle, mein Mann will immer ganz genau wissen, wie Sie nackt aussehen!	Sie, Frau Reischle, mai Mäh will ëmmer ganz genau wissa, wia Sie aussähad – näggich!
Na, der ist aber neugierig!	Hanó, där isch aaber neigierich!
Ach herrje, wenn Sie wüßten!	Oh jeggerle, wenn Sie wißdad!
Drum würde ich auch niemals in die gemischte Sauna gehen! Wie die Männer schon aussehen! Zu Hause hat man sich ja dran gewöhnt!	Dröm dääd-i nie-nie an d'gmischd Sauna gänga! Wia dia Kärle schö aussähad! Drhoim hôdd-mr sich jô drô gwëënd, ënzwischa!
Die Frau da drüben hat sich vorhin nur kurz geduscht, ohne sich vorher einzuseifen!	Die Frau dô drömma hôdd sich vorhin bloß gschwënd duschd önd nedd aigsoifd!
Die denkt wohl, sie hätte es nicht nötig!	Die moind scheint'z, se hett's nedd needich!

Nach der Sauna

Puh, ist das heiß! Mir reicht's jetzt! Gehen wir an die Luft hinaus!	Pfff, isch deeß hoiß! I glaub, mir längt's! Mr gänged nauß an d'Lufd!
Ins Kaltwasserbecken gehe ich aber nicht!	En'z kalde Begga hopf i abber nedd nai!

S. 23

Mineralquellen

Wussten Sie schon, dass die Mineralquellen von Stuttgart-Bad Cannstatt schon von den alten Römern entdeckt und fröhlich benutzt wurden? Und dass sie nach Budapest das größte Mineralvorkommen in Europa darstellen?

Man kann das Wasser in zahlreichen Hallen- und Freibädern genießen (Bad Berg, Leuze oder im Kurbereich in Cannstatt) oder auch durch medizinische Anwendungen seine Gesundheit fördern. Und wo ist das noch möglich? Man findet solche Heilquellen und Bäder, mit Wassern verschiedener Art, fast überall in Württemberg, also auch auf der Schwäbischen Alb (Bad Ditzenbach usw.), im Schwarzwald (Liebersbronn, Teinach usw.) und im Hohenlohischen (Bad Mergentheim usw.). Sie sind immer gut besucht wegen ihrer gesundheitsfördernden und entspannenden Wirkung. Also, Leutla, tut was für die Gesundheit – rein ins prickelnde Wässerle. Hanó, mir Schwôba send hald sähr fulkanisch!

Urlaub aktiv

Lieber einen Kübel Wasser über den Kopf!	Liaber en Kiebl Wassr iber da Meggl!
Uh, mir wird schwindelig!	Au, mir wird gänz durmelich!
Wir sollten vielleicht was essen, zur Stärkung!	I moin, mir sodded äbbes väschbra, zur Schdärgöng!
Ich habe auch ein Fläschchen Sekt dabei!	I hän au a Fläschle Seggd midbrochd!
Erst gehe ich aber noch auf die Waage!	Zeersch schdänd-i abber nöh uff d'Wôôg!
Man will doch wissen, ob es was genützt hat!	Mr will doch au säh, ob's ebbes daugd hôdd!
Ich lege mich solange auf die Sonnenbank!	I leg-mi drweilsch uff dia Sonnabank/ en'z Sändwitsch!
Wer will schon so käsweiß in den Urlaub an der Costa Brava fahren!	Mr will doch nedd so bloich en Urlaub fahra, an d'Koschda brafa!
Eine Massage wäre jetzt auch nicht übel!	A Massaasch wär jetz au nedd schlächd!
Der Speck muss weg!	Där Schbägg mueß wägg!
Da fällt mir ein – Sie wollten mir doch Ihr Rezept für die Speckklößchen geben!	Dô falld-mr ai – Se hên-mr doch nöh deß Rezäbbd fir Schbägg-Gleeßla gäbba wolla!

Beim Masseur

So, Frau Schwämmle, dann packen wir's mal wieder!	Sódele, Frau Schwämmle, nôh deand-mr's hald widdr!
Heben Sie das linke Bein und knicken Sie es seitlich ab! Gut so!	Lubfad-Se da lëngga Fuaß önd gniggad-Se'n ab, zur Seid! Guad isch!
Über dem Gesäß sind Sie aber sehr verspannt!	Ieber'm Bobbole sênt-Se abbr arrg vrschbännd!
Spüren Sie was, wenn ich hier drücke?	Schbierad-Se äbbas, wann i dô drugg?
Drehen Sie sich zur Seite und ziehen Sie das Knie an, bitte!	Etz dräad-Se sich uff d'Seid önd ziagad-Se deß Knia ah!
Geht es so? Nicht zu schmerzhaft in dieser Position?	Gôht's so? Isch's nedd schlêmm, ên derra Schdellöng?
Das kriegen wir schon wieder hin, keine Angst!	Deß griagad-mr schö widdr nôh, koi Sorg!
Noch ein Ruck ... jetzt das Knie nach links legen!	Nôh än Rugger ... 's Knia nôm uff d'änder Seid!
Was denn, Ihr linkes Bein ist jetzt ganz gefühllos?	Wa, êm lëngga Fuaß schbierad-Se nix meh?
Wie gibt's denn das?	Hanô, worôm denn deeß?

Urlaub aktiv

Bitte regen Sie sich ab, liebe Frau!	Etz reegad-Se sich nöh nedd so uff, liabe Frau!
Springen Sie mir nicht ins Gesicht deswegen!	Hēnggad-Se mr blooß nedd 's Greiz auß drwäga!
Also nochmal … diesmal mit Strichmassage!	Alzo nomâle … deßmôl mid Schdrichmassaasch!
Das ist nicht so unangenehm!	Deß isch nedd so ōōähgneem!
	Wa, deß isch Eāhne z'samfd?
Wie? Das ist Ihnen zu sanft?	Ha, wellad-Se gar, dass i môl richdich nôhlang?
Ja, soll ich denn mal richtig hinlangen?	Ōnd deß gfelld Eāhne so?
So gefällt es Ihnen wirklich?	I glaub, i schbēnn!
Nicht zu fassen!	Hanó, älz weidr so, mid Gwald!
Nun, dann eben weiter so, mit Gewalt!	
Sie stöhnen gerade so, als würden Sie sich ganz toll fühlen!	Sie seifzad jô graad so, alz däädad-Se sich sauwohl fiehla!
So, die Zeit ist jetzt um!	Sódele, d'Zeit wär rom!
Bleiben Sie aber noch fünf Minuten unterm Rotlicht liegen!	Bleibad-Se abbr nôh fēmf Minudda liega, önder'm Rōōdlichd!
Dann bis zum nächsten Mal, Frau Schwämmle!	Alzo, biß zōm näggschdamôl, Frau Schwēmmle!
Hoffen wir, dass es auch gewirkt hat.	Hoffa-mr, dass des ēbbes daugt hôd!
Tschüss!	Ade!

Freizeit und Unterhaltung

Unterwegs

Wohin wollen wir heute Abend gehen?	Wo gänga-mr heid ôbed nôh?
Der Zirkus soll ganz toll sein!	Em Zirkus isch äbbes bodda!
Gibt es noch zwei Plätze für …?	Hôt's nôh zwoi Plätz fir …?
Geben Sie mir bitte zwei Karten für die heutige Nachmittagsvorstellung!	Gäbbet-Se mr zwoi Karda firr heid middag!
Aber bitte doch nicht so weit hinten!	Abber nedd so weid hēndadrõmma!
Die Bauchtänzerin war echt Spitze!	Dia Bauchdēnzere war schō sauguad!
Mir hat es nicht gefallen.	Mir hôds nedd gfalla.
Diese Sängerin hat vielleicht eine Stimmkraft!	Dia Sēngere hôt schō a Sauschdēmm!
Sie hat auch eine Menge Beifall bekommen!	Se hôt au an Haufa Abblauß griagd!
Mir ist ein Lustspiel lieber als eine Tragödie!	I säh gärner a Kommeed alz a Trageed!
Das Stück war einfach zum Brüllen komisch!	Deß Schdigg war schō saugladd!
Gehen wir in die Disco zum Tanzen?	Wi-wär'ß, wem'mer ēn d'Disco gänga dääded ye schwoofa?

78

Freizeit und Unterhaltung

Die Band dort ist ganz toll!	Die Bänd isch schö affageil!
Der tanzt ja wie besessen!	Där dänzd jô wie dr Lômb am Schdegga!
Die Rockmusik macht mich ganz nervös!	Di Roggmußigg machd-me ganz narred!
Das Jazzkonzert soll aber auch gut sein!	Deß Tschäßkonzärd soll au guad sai!
Am liebsten würde ich mir den neuen Film mit der Roberts ansehen.	Am gärnschda dääd i den neia Film mid dr Roberts säh.
Die Platzanweiserin hat immer was zu meckern!	Dia Blatzähweisere hôt ëmmer äbbes z'goscha!

Cannstatter Wasa

Auf dem Cannstatter Volksfest kann man viel Geld verjuxen!	Uff em Wasa kôsch en Haufa Gäld verbutza!
In der Geisterbahn kriege ich Herzklopfen!	En dr Goischderbäh bomberd mr's Härz!
Im Bierzelt ist immer so ein Lärm!	Em Bierzäld isch ëmmer so a Saugrach!
Aber die Blasmusik ist Klasse!	Abber d'Blôôßmusigg isch subber!
Betrinke dich ja nicht wieder so wie beim letzten Mal!	Wärd-mr jô nedd widder so bsoffa wia 's ledschmôl!
Das ist jetzt schon dein dritter Bierkrug!	Deß isch etz scho dai dridds Kriagle!
Herrje, wie es einen in dieser Luftschaukel herumwirbelt!	Jessas, wia's ôin ën derra Lufdschougl ömanändrhaud!
Der Ansager dort ist gar kein Farbiger, er hat sich nur schwarz gefärbt!	Där Ähsager dord isch gar koi Farbichä, där hôt sich blooß schwarz ähgmôôld!
Die Zuckerwatte bleibt einem aber ganz schön in den Zähnen hängen!	Dia Zuggrwadde blcid ôim schëë ën de Zëh hängga!

Wilhelma

Im Zoo gibt es immer etwas zu sehen!	Em Diergarda geit's ällaweil äbbes z'säh!
Schau, da ist der Löwenkäfig!	Gugg, dô isch dr Leebakeefich!
Die Affen sind schon zu drollig!	D'Affa sënd schö arg gschbässich!
Sieh nur – das Gesäß von dem Pavian!	Gugg amôl, dem Pafiän sai Hënderdoil!

Freizeit und Unterhaltung

Sprüche ...

Also sprach ein schwäbischer Moralist: »**Oh, wenn nô älle Leid so wäred, wia-n-i sai sodd!**« (Ach, wenn doch alle Leute so wären, wie ich sein sollte!)

Papi, schenkst du mir so einen Papagei zu Ostern?	Babba, griag-i so en Babbagai zu Ooschdra?
Der Seehund sieht genauso aus wie der Cousin von meiner Frau!	Där Seehönd siehd graad aus wia maim Weib sai Veddr!
Im Stadion findet heute ein Fußballspiel statt!	Em Schdadiôh isch heid a Wetz!
Ich würde aber lieber das Volleyballspiel sehen!	I dääd aber gärner deß Wolleballschbiel säh!
Wie steht die Partie? Unentschieden, eins zu eins!	Wie schdôht's? Ôöendschieda, oiß-oiß!
Beim Straßenfest gibt's Zwiebelkuchen und neuen Wein!	Uff der Hocketse geit's Zwieblkuacha önd neia Wai!
Komm, ich kaufe dir den Lebkuchen, auf dem »Ich liebe dich!« steht!	Komm, i kauf-dr den Läbbkuacha, wo druffschdôhd »I môg di saumäßich!«
Und am Samstag ist Weinfest in Uhlbach! Da treten auch ein paar Trachtenvereine auf! Gehen wir hin? Na klar!	Önd am Sämschdich isch Waifäschd en Uhlbach! Dô siehsch au a baar Drachdavarai! Gänga-mr dô nôh? Ha-freile!

Gartenparty

Gardafäschdle

Kommt nur herein, Leute, hier zum Gartenhaus, und setzt euch hin!	Kommad nôh rai, Leidla, zôm Gardaheißle, önd hoggad eich nôh!
Ihr seid ganz schön in Schweiß geraten, was? Ja, da geht's steil rauf zu uns!	Schwitzad-r feschd, hä? Hanô, dô gôhz schéé schdeil da Buggl ruff zu önz!
Erst muss ich noch das Feuer anmachen!	Ersch muaß i nôh 's Feier ähmacha!

80

Freizeit und Unterhaltung

So, die Holzkohle brennt schön!	Sódele, d'Holzkohl brennd schēē!
Es gibt eben wieder Schweinehals, Kotelett, Leberkäs und rote Würste!	'S geit hald widdr ān Schweinehalz, a Koddlädd önd Läberkäß önd roode Wirschdla!
Gemütlich, nicht wahr? So kann man's aushalten!	Gmiadlich, gell? So käh mr's oushalda!
Wie früher bei den Pfadfindern!	Wia sällichsmōl bei de Pfaadfēndr!
Der Wind stört mich aber! Er bläst uns den ganzen Rauch ins Gesicht!	Där Wēnd sod uffheera! Där blôôßd ōnz jô da gānza Rauch ēnz Gsicht!
Darf ich nachschenken?	Derf-i schō nôchschēngga?
Komm, Albert, dein Glas ist leer – keine Angst, ich habe noch genug Flaschen parat!	Komm, Albert, dai Glaaß isch lāār – koi Sorg, i hān gnuag Fläschla hēndadrōmma!

Man kommt sich näher

Du, Moni, du hast so einen süßen Mund!	Du, Moni, du hôsch so a siaß Geschle!
Komm, lass uns doch ein bisschen schmusen!	Komm, mr druggad ōnz a bißle!
Was wohl eure Nachbarn sagen, wenn wir hier so feiern? Sollen sie ruhig schimpfen – die machen doch auch immer einen Mordskrach mit dem Rasenmäher und so!	Wa dô d'Nôôchbera saagad, wēmmr so feschd fäschda deānd? Laß-e nōh schēmbfa, dia machad au ällaweil ēn Saugrach middām Raaßamähr önd so!
Seht nur, wie der Mond hinter der Wolke hervorschaut!	Guggad nōh, wie dr Mönd hēndr derra Wolg raußluagd!
So sind wir Schwaben eben – immer fleißig bei der Arbeit . . .	So sēmmer hald, mir Schwôôba, ällweil schaffa . . .
. . . doch einmal im Jahr feiern wir auch ganz toll!	. . . abbr ōimôl em Jôhr leānd-mr d'Sau rauß!

Noch mehr Sprüche ...

Schwäbische Maxime, die ab einem gewissen Alter immer gilt: »**Haubdsach, mr käh äll Daag uffschdända önd schaffa!**«	Wie sagt die höfliche Gastgeberin, wenn ihre Besucher zu lange bleiben? »**Komm, Mäh, mir gänged enz Bedd, damidd dia Leidla hoimkennad!**«

> Freizeit und Unterhaltung

Fernsehabend

Komm, Junge, setz dich und sei ein bisschen ruhig!	Komm, Bua, hogg de nôh önd sei a bißle ruich!
Ich möchte die Tagesschau sehen!	I mechd d'Daagesschau säh!
Elsbeth, bring den Most aus dem Keller! Ich hab einen Mordsdurst!	Elzbeed, brēng-mr da Mooschd vom Källr ruff! I hān ān Sauduurschd!
So, was sehen wir heute Abend an?	Sódele, önd wa guggad-mr heid ôbad nōh äh?
Den Krimi im Ersten oder den Liebesfilm in SAT 1?	Den Grimi ēm Erschda oddr dia Liebasgschichd ēm SADD Öiß?
Papi, um 20.30 Uhr beginnt im RTL das Europacupspiel – Fußball!	Babba, öm halb näine fangd ēm Ärr-Tee-Äll deß Eirocubbschbiel äh – Fuaßball!
Nichts da, immer dieses dumme Gekicke!	Nix dô, ällaweil deß bleede Gekigge!
Nein, ich will heute Abend einen richtigen Film sehen! Karl, ich wäre für den Liebesfilm – nach einem Krimi träume ich immer so schlecht! Also, gib mal die Fernbedienung rüber oder drück gleich selbst auf den richtigen Knopf!	Noi, i will heid ôbad ān richdicha Film säh! Karle, i beh fir di Liebasgschichd – noch ämma Grimi hān-i ēmmer so graußliche Draim! Alzo, gäbb 's Abberäädle här oddr drugg sälbr uffs richdiche Gnebfle!
Es ist immer derselbe Mist, diese Liebesfilme!	Isch doch ēmmer dr gleiche Kääß, dui Liebasfilm!
Warte nur ab, er schwängert sie noch!	Wart's ab, där machd'era nōh a Kēndle!

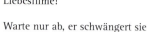

He, da kommt noch einer!	Au, dô kommd nōh öinr!
Der hat's auch auf sie abgesehen!	Där hôt's au uff se abgsäh!
O nein, der will ihr Geld! So ein Mistkerl! Und der erste verprügelt ihn jetzt fürchterlich!	Noi-noi, där will ihr ānz Gäld! So a Siach! Önd dr erschd haud em etz saumäßich d'Gosch voll!
Karl, ich meine, wir sollten umschalten, ins Zweite, zu dem Programm über Insekten im Regenwald!	Karle, i mōin, mr soddad ōmschalda, ēnz Zwoide, zu dènne Insäggda ēm Rägawald!

Freizeit und Unterhaltung

Nichts da, ich will sehen, wie das weitergeht!	Nix dô, i will säh, wia deß weidrgôht!
Ich habe schon genug Schmetterlinge gesehen!	I hän schō ofd Schmädderlēng gsäh!
Da ... jetzt gehen sie schon ins Bett miteinander!	Dô ... etz schlubfad-se schō ēnz Bedd midnäändr!
Wie die sich küssen, Mann o Mann!	Wia di sich vrkussad, haidenai!
Wirst schon sehen, was daraus noch wird!	Wirsch schō säh, waß sai wird!
Das wird bös enden!	Dô kömmd nix Gscheids rauß dabei!
Der heiratet sie doch nie im Leben!	Där heiraaded dia doch ēm Läba nedd!
Da ... nun weint sie auch schon, die Ärmste!	Dô ... etz heild-se schō, deß arme Mädle!
Du ... Telefon! Heben wir ab oder lassen wir's läuten! Abends um neun, wenn alle Leute beim Fernsehen sind, rufen die an! Unmöglich! Dann hebe ich eben ab!	Du ... 's Telefōh! Heebad-mr ab oddr leänd-mr's schella? Ôbads ōm näine, wenn älle färnglotzad, ruafad-se äh! Ôhmēēglich! Nôh heeb-i hald ab!
Stell den Fernseher leiser, Elsbeth!	Mach da Färnsähr laiß, Elzbeed!

S. 9

83

Freizeit und Unterhaltung

In der Oper

Aufgepasst, die Ouvertüre ist um, und der Vorhang hebt sich!	Baß uff, d'Ufferdiere isch röm önd dr Vorhäng gôhd nuff!
Schön, nicht wahr, ein Tal mit Büschen, Bäumen und Blumen, und das Schlösschen im Hintergrund!	Schëë, gell, deß Daal mit Bisch önd Beem önd Blöama, önd deß Schleßle dô hënda drömma!
Wer kommt denn da, eine Frau, nein, ein Mädchen … beim Blumenpflücken.	Wär kommd nôh etz? A Weib, noi, a Mädle … beim Blöamapfligga.
Und singen tut sie auch noch!	Ond sënga duad-se au nôh!
Schau doch mal ins Programm, wer das ist!	Gugg amôl ën 'z Brogramm, wär deß isch!
Es ist die junge Freifrau Mathilde!	Deß isch 's Freifrailain Máthilde!
Sie singt ja ganz schön, aber ich verstehe kein Wort!	Sënga duad-se jô schëë, abbr i vrschdänd koi Word!
Nun, wenn man den Text auf einem laufenden Band über der Bühne zeigen würde, so wie im Hauptbahnhof … … dann wüsste man doch wenigstens, was die Sänger überhaupt sagen wollen!	Ha, wëmmer da Täxd uff äm'ma Schrifdbänd ieber dr Bëähne vorbeisaua lassa dääd, graad so wie ëm Haubdbähhoof … … nôh wißd-mr hald, waaß die Sëngr mit ihrem Sënga saaga wellad!
Nun tritt noch jemand auf – ein Ritter in prächtiger Rüstung!	Etz kommd widdr oiner uff d'Bëähne – a Riddr en'ra dolla Rischdöng!
Und schon grüßt er das Mädchen mit Gesang!	Önd schö sëngd-r uff deß Mädle nai!
Der ist in sie verliebt, glaube mir!	Där isch ën se vrliabd, deß saag i dir!
Und da, ein Drache!	Önd dô, an Dracha!
Ein wahres Ungetüm!	A graußlichs Riesaviech!
Er zeigt die Zähne und … ah, der Ritter zieht sein Schwert! Und singt und singt mit Macht!	Reißt's Moul uff önd … haa, där Riddr ziagd sai Schwärd! Önd sëngd önd sëngd önd sëngd!
Kein Wunder, dass den Drachen das nervt und der sich verzieht!	Koi Wöndr, dass dr Drach deß need oußheld önd zöm Deifl gôhd!
Die Musik ist schon sehr laut!	D'Mußigg isch schö arrg loud graad!

84

Freizeit und Unterhaltung

Sieh nur, was der Ritter tut!	Etz gugg, waß där Riddr duad!
Er zieht das Mädchen an seine Brust und singt ihr was vor!	Där nēmmd 's Mädle en Arm ōnd sengd-r graad äbbas vor!
Das ist schon was Besonderes, diese Oper!	Schō äbbas, die Obbr dô!
Richtig küssen die sich ja nicht, so wie im Film!	Richdich vrkussa dēänd-se sich jô nedd, so wie em Kino!
Aber schön, wie er sie ansingt!	Abbr schēē sēngd-r uff se nai!
Ende des ersten Aktes, so steht's hier im Opernführer!	Ende deß erschden Aggz! So schdôhz dô en maim Biachle!

S. 24

85

Einkaufen

Im Laden und auf dem Markt

Wo kann ich … kaufen?	Wo griagd-mr dô …?
Ich hätte gerne diesen Artikel hier!	Deß dô, biddschēē!
Zeigen Sie mir bitte etwas anderes!	Zaiget-Se mr äbbes änderschts!
Die Farbe gefällt mir nicht!	D'Farb gfelld mr nedd!
Das Muster ist mir zu auffällig (zu bunt)!	Deß Muschder isch-mr z'schägged!
Es soll hierzu passen!	Sodd hald dôdrzua bassa!
Wie steht mir denn dieses Hütchen?	Wia schdôhd-mr nôh deß Hiadle dô?
Die Hose sitzt zu locker!	Dia Hôôß isch-mr z'loddelich!
Ich würde ihn gern umtauschen!	I dädd en gärn ōmdauscha!
Die Hosenklappe ist ja zum Zuknöpfen!	Där Hoßalaada isch jō midd Gnebfla!

Das ist …
  zu breit – zu blass
  zu groß – zu klein
  zu viel – zu wenig

Deß isch …
  z'broid – z'faad
  z'grooß – z'gloi
  z'viel – z'wēēnich

Ich möchte das Kleid anprobieren!	I mechd amôi naischlubfa!
Wo finde ich hier Hemden und Unterwäsche?	Wo fēnd i dōhēnna Hēmda ōnd Ōnderwesch?
Aber nein, diese Hose ist doch viel zu lang!	Hanoi, dia Hööß isch doch viel z'lääng!

Einkaufen

Zeigen Sie mir bitte mal eine Auswahl an Taschentüchern!	Zaiget-Se mir amôl a baar Daschadiachla, bidde!
Sind das alle Hosenträger, die Sie haben?	Sēnd deß alle Höößadräger, wo Se hēnd?
Und nun gehen wir hinüber auf den Markt!	Ōnd etz gängad-mr nōm uff da Margd!
Die Brötchen (Semmeln) sind aber schon alt!	Dia Weggla sēnd fai allbacha!
Die Äpfel unten in der Kiste sind angefault!	D'Epfl ōnda drōnda send jô faulich!
Die Tomaten sind ja noch grün!	De Tomaada sēnd jô nōh grēã!
Haben Sie die Erdbeeren selbst gezogen?	Sēnd dia Breschdlēng oigas Gwäx?
Die Johannisbeeren sind erst heute Morgen gepflückt worden!	Dia Dreibla hemmer erscht heid morga zopfd!
Wie viel kostet das?	Wa koschd deß?
Wollen Sie mal probieren?	Wellet-Se a Vrsuacherle?
Das ist mir zu teuer!	Desch mr z'deier!
Das nehme ich!	Deß nēmm-i!
Haben Sie's nicht kleiner? Moment, ich seh mal nach! Nein, ich habe überhaupt kein Kleingeld. Nur einen Hunderteuroschein!	Hēnt-Se'ß nedd gloiner? Wardet-Se, i gugg môl! Noi, i hän koi gotzichs Kloigäld. Bloß den Hōnderder!
Packen Sie es mir aber bitte hübsch ein!	Dēãnt-Se mr's schēã aipagga, gell!
Der Markt ist vorbei! Gehen wir nach Hause! Nein, ich muss noch zum Bäcker (Fleischer, Klempner)!	Dr Margd isch aus! Gänga-mr hoim! Noi, i muaß nōh zōm Begger (Metzger, Flaschner)!
Ich muss rasch noch Eier besorgen!	I muaß nōh schnäll a baar Ōier kaufa!
Und ein Kilo Birnen!	Ōnd zwoi Pfōnd Birna!
Und ich muss rasch noch einen Besuch machen!	Ōnd i muaß nōh gschwēnd a Bsiachle macha!
Einen schönen Tag noch!	I wēnsch Eãhne nōh an schēãna Daag!

S. 13

87

> Einkaufen

»I breichd . . .«

Ich hätte gern ...	I breichd ...
ein Blumensträußchen	a Blöämaschdreißle
gefüllte Bonbons	gfillde Bómbola
eine Broschüre/ein kleines Buch	a Biachle
einen Büstenhalter	en Bischdahalder
einen Büchsenöffner	en Bixaeffnr
ein Buch	a Buach
einen Faltenrock	ān Faldarogg
ein Halstuch	a Halzdiachle
ein Paar Handschuhe	Hĕndschich
einen Hut	en Huad
ein Hütchen	a Hiadle
einen Korb Johannisbeeren	en Grädda voll Dreibla
eine Jacke	a Jagg, en Kiddl
ein Jäckchen	a Jäggle
einen Klebstoff, der auch hält	en Bäbb, der au heebd
ein Pfund Lakritze	a Bfõnd Bäradregg
einen schicken Mantel	a schiggs Mĕndale
ein warmes Nachthemd	a warmß Nachdhĕmmad
einen grünen Pullover	en grēāna Púllober
eine Rolle Bindfaden	en Bobbl Schnur
eine Tafel Schokolade	a Daafl Schogglaad
eine Schachtel Streichhölzer	a Schächdale Zĕndhelzer
ein Paar Schuhe	a Baar Schuah
eine Strickjacke	a Schdriggjäggle
eine Strumpfhose	a Schdrŏmbfhooß
ein Paar Strümpfe	a Baar Schdrĕmbf
violette Söckchen	fiolädde Seggla
die Sonntagsausgabe	's Sönndichsbläddle
ein Päckchen Tabak	a Päggle Dabágg
eine Taschenlampe	a Daschalāmb
Toilettenpapier	Gloobabier
einen Topf Honig	en Haafa Hönich
eine lange Unterhose	a lāānga Õnderhooß

Körper- und Kleiderpflege

Können Sie mir ein gutes Haarstudio empfehlen?	Kĕnnat-Se mir an guada Frißeerlada saga?
Einmal Haareschneiden (und Rasieren) bitte!	Oinmôl Hôôrschneida (ŏnd Raßiera) bidde!
Bitte nicht zu kurz schneiden!	Abber jô nedd z'kurz!
Den Nacken ausrasieren! Die Koteletten bitte kürzer schneiden!	'S Gnigg außbutza! Machet-Se mir d'Koddledd a bißle kirzr!

Einkaufen

Haben Sie ein gutes Mittel gegen Schuppenbildung?	Hēnt-Se nedd äbbes fir maine Schubba?
Können Sie mir Maniküre (Pediküre) machen?	Däädet-Se mir amôl d'Fēngernegel/d'Zaianegel schēēmacha?
Würden Sie mir bitte die Beine depilieren?	Bidde machet-Se mir au d'Härle an de Fiaß wäg!
Feilen Sie mir bitte die Nägel spitz (rund)!	Feilet-Se mr d'Negel bidde schbitzich/rōnd!
Die Wimpern bitte dunkler färben!	Ōnd d'Wēmbera dōnggler färba!
Die Haare bitte auch waschen! Waschen und Legen, bitteschön!	D'Hôôr au wäscha, biddschēē! Wäsche ōnd Lega, biddschēē!
Nein, Ringellöckchen kann ich nicht ausstehen!	Noi, so grōmme gloine Leggla kāhn-i edd verbutza!
Es ist zu heiß unter der Haube!	'S isch viel z'hoiß ōnder derra Haub!
Die junge Friseuse bringt es noch nicht!	Dia jōng Frißeeß käh'ß nōh edd!
Meinem Mann zum Trotz lass ich mir das Haar jetzt schwarz färben!	Grad maim Māh zōm Bossa laß i mir d'Hôôr etz schwarz färba!
Seitlich etwas toupieren, bitte!	A˜n-dr Seid a bißle tubiera!
Herrje, wie ich aussehe!	Du liabs Herrgeddle, wiä-n-i aussäh!
Reinige auch die Zähne gut!	Dua-dr jô au d'Zēē guad butza!
Du könntest dir auch den Hals mal wieder waschen!	Kēnndasch-dr ruich widder amôl da Halz wäscha!
Aber mit Seife!	Abber midd Soif!
Diese Hemden sind schmutzig!	Dia Hēmmader dô sēnd dreggad!
Diese Kleidungsstücke müssen gewaschen werden!	Dia Sacha dō sodded gwäscha werra!
Diese Sachen hier sollen in die Reinigung.	Dia Sacha dō gheerad en d'Rainigōng.

Würden Sie mir bitte ...
   die Bluse bügeln?
   diese Knöpfe annähen?
   den Mantel reinigen lassen?

Däädet-Se mr bidde ...
   dēß Blihßle biegla?
   dia Gnebfla ähnäha?
   den Mändl en d'Rainigōng?

S. 22

Schwäbischer Alltag

Häusle und Garten

Hallo, grüß Gott, Frau Mäusnest!	Halló, grieß Godd, Frau Meißnäschd!
So, wollen Sie mal bei uns reinschauen?	So, wellet-Se bei önz raigugga?
Ihr Besuch freut mich wirklich sehr!	Deß fraid me abbr arrg, daß Se a Bsiachle macha wellad!
Wo haben Sie denn Ihren Wagen geparkt?	Wo hênt-Se 's Oudo glassa?
Ah, vor unserer Garage ...	Ah, graad vor önzrer Garaasch...
Macht nichts, mein Mann kommt heute spät von der Arbeit zurück!	Isch net schlêmm, mai Mäh kommd heid schbääd vom Gschäfd hoim!
Nur hereinspaziert!	Kômmad-Se nöh rai!
Das wäre erst mal der Hausflur!	Deß isch alz erschz dr Eärn!
Ganz hübsch, nicht wahr?	Gänz nädd, gell?
In dem großen Wandspiegel sieht man leider seine Fältchen im Gesicht allzu gut!	Ên dem grauße Schbiegl sieht mr hald seine Fäldla êm Gsichd arrg genau!
Hier geht's ins Wohn- und Esszimmer!	Dô gôhz en 'z Wöhn- önd Ässzêmmer!
Ich hatte noch keine Zeit, schön aufzuräumen!	Hän laidr nöh koi Zeid k'hedd zöm Uffraima!
Schöne Möbel, nicht wahr?	Schêênc Meebl, gell?

Schwäbischer Alltag

Die Möbel sind ganz neu, in Dänemark gefertigt!	Di Meebl sänd neikaufd önd kômmad aus Dêênemarg!
Die hohe Vase dort beim Bücherständer ist ein Erbstück von meiner Tante Gertrud!	Die grooß Waaß dord beim Biacherschdênder isch ä Ärbschdigg vo meinr Dände Drude!
Und hier ist unser Salon, das Besucherzimmer! Dort halten wir uns aber nur selten auf! Die Chaiselongue passt nicht so recht hierher.	Õnd deß dô isch dr Salôôh, 's Bsuachszêmmr! Dô sêmmr net so oft drênn! Deß Schäßlôh baßd net so rächd dô rai.
Diese Holzplastik stellt die heilige Katharina dar. Sie stammt aus dem 16. Jahrhundert! Sehr schön, was?	Di Holzfiguur dô isch d'hailich Kadariena … sächzêhnz Jôhrhönderd! Schõ äbbas bsõndrs, gell?
Und der Sekretär ist echtes Barock!	Õnd där Segredär isch ächd Barogg!
Die Vitrine ist unser ganzer Stolz!	Auf die Fidrien sêmmr schõ a bißle schdolz!
An dieser Wand ist mal ein schönes Bild gehangen, mit einem röhrendem Hirsch drauf an einem Waldsee!	Dô isch vorhär a scheeß Bild gwä, mid ämma rehrenda Hirsch druff ämma Waldsee!
Aber nun haben wir so was Irres von Picasso hingehängt. Ich weiß wirklich nicht, was es aussagen soll!	Abbr etz hênt-mr so äbbas Verriggds vom Picasso nôhghengd. I woiß net, was deß bedeida soll!
Das hier ist das Zimmer meines Mannes, das Herrenzimmer! Meistens sitzt er aber doch in der Küche!	Deß dô isch 's Zêmmer vo maim Mãh, 's Härrazêmmer! Abbr maischdenz hoggd-r ên dr Kich!

Schaffa, schaffa …

Die fleißigen Schwaben, die ja im ganzen Land als große »Wuahler« (arbeitswütige Menschen) bekannt sind, arbeiten eigentlich gar nicht – sondern sie »schaffa«!

Und »Arbeit« heißt bei ihnen »Gschäfd« – man sagt in Schwaben höchstens einmal abfällig: »Deß isch koi Ärbed edd!« (das ist eine schlechte Arbeit oder Leistung).

Und der Schwabe ist auch nicht bei der Arbeit oder im Betrieb, nein, er »isch em Gschäfd«, und wenn er fleißig ist, dann ist er »schaffich«, hat er mal keine Lust dazu, dann »hôt'r koin Schaffgoischd«!

i

Schwäbischer Alltag

Die Tapete ist auch nicht mehr nach meinem Geschmack!	Di Dabeed gfelld-mr au nêmme so arrg!
Da sind viel zu viele Tulpen und Herzchen darauf!	Viel z'viel Tulba önd Härzla druff!
Hier die Küche! Im Bauernstil, aber neu!	Dô isch d'Kich! Êm Bauraschdiel, abbr gänz nei!
Recht gemütlich, nicht wahr?	Gmiadlich, gell?
Auf der Eckbank sitzen wir abends gerne!	Uff derra Eggbängg hoggad-mr ôbenz gärn!
Wollen Sie auch noch einen Blick ins obere Stockwerk werfen?	Wellat-Se au nöh da obera Schdogg ähgugga?
Dort ist eben das Schlafzimmer ... es wird noch gelüftet!	Dô droba isch hald 's Schlôôfzêmmer ... önd s'wirt nöh glifded!
Und das Kinderzimmer, etwas unordentlich!	Ônd 's Kênderzêmmr, a bißle a Sauschdall!

Die schwäbische Familie

der Vater	dr Vadder, *liebevoll:* 's Vaddrle, dr Babba, 's Babbale
die Mutter	d'Muadr, d'Mamma, 's Mammale
mein Sohn	mei Jônger, mai Sôh
unsere Tochter	ônzer Jônge oder Dochdr oder Dechderle
das Kind	's Kênd, 's Kêndle, kleines auch: 's Butzele
eure Kinder	eire Jônge oder Kênder oder Kêndla
dein Cousin	dai Vedder
meine Cousine	mai Bääßle
der Onkel	dr Ônggl
seine Tante	sai Dände
meine Patentante	*ländlich:* mai Doode
dein Patenonkel	*ländlich:* dai Deede
der Großvater	dr Großvadder, dr Oba, *ländlich:* dr Ähne
die Großmutter	d'Großmuadr, d'Oma, *ländlich:* d'Ähne
der Enkel, die Enkelin	's Ênggele, Mehrzahl: d'Ênggela
mein Schwager	mai Schwôger
meine Schwägerin	mai Schwägere
der Schwiegersohn	*ländlich:* dr Dochdermäh
die Schwiegertochter	*ländlich:* d'Sêhnere
die Eltern meines Schwiegersohns usw.	maine Gegaschwieger
meine Leute (zu Hause)	maine Leid (drhoimda)

| | Schwäbischer Alltag |

Treten wir hinaus in den Garten!	Gängad-mr nauß ēn da Garda!
Links unser Nutzgarten mit Obst, Salat und dem Gemüsebeet!	Dô lēngs sēnd d'Obschdbēēm önd Salaad önd 's Gmiaßbeed!
Ein Apfel- und ein Pflaumenbaum, rote und schwarze Johannisbeeren und Erdbeeren!	Än Epfelbōōm önd a Zwetschgabōōm, roode önd schwarze Dreibla önd d'Breschdlēng!
Und da drüben ist unser Ziergarten! Rosen, Tulpen und so! Möchten Sie sich nicht ein Sträußchen pflücken?	Önd dô drömma dr Bloãmagarda! Rooßa, Tulba ön so! Wellad-Se net a Schdreißle pfligga?
Ist dieser Gartenzwerg nicht entzückend? Wie schlau er dreinblickt!	Isch der Gardazwärg et schēē! Där guggd so knitz, gell?
Und ein kleiner Teich . . .	Önd a glōinr Deich . . .
Leider sind die Fische tot!	Abbr d'Fisch sēnd laidr hēē!
Die Hecke müsste auch bald geschnitten werden!	Dui Hegg gheerd au bald gschora!
Kommen Sie, wir gehen wieder in die Küche zurück und trinken ein Tässchen Kaffee!	Kommad-Se, mr gängad zrigg ēn d'Kich önd drēnggad a Täßle Káffee!

Zum Geburtstag

Herzlichen Glückwunsch zum Geburtstag! Bleiben Sie immer gesund und munter!	Ällas Guade zōm Geburtsdaag! Bleibat-Se ēmmer gsönd önd mönder!
Da ist ein kleines Geschenk! Wir hoffen, es gefällt Ihnen!	Dô wär a glois Gschēnggle von ōnᴢ! Mr hoffad hald, 's gfelld Eähne!
Vielen herzlichen Dank! Aber das wäre doch nicht nötig gewesen!	I dängg hald schēē! Deß hedd's doch nedd brauchd!
Na, und wie fühlt man sich jetzt – mit vierzig?	Hanó, wia isch nôh ēm Schwôbaalder?
Der Schwabe wird mit vierzig gescheit, die anderen nicht in Ewigkeit!	Dr Schwôb, der wird mid vierzich gscheid, de ändre nedd in Ewichkaid!
Also, dann feiern Sie mal schön! Viel Glück im neuen Lebensjahr!	Alzo, nôh feirad-Se hald schēē! Önd viel Gligg ēm neia Läbensjôhr!

Schwäbischer Alltag

Am Stammtisch

Guten Tag zusammen!

Griaß Godd midänändr!

So, habt Ihr schon ein paar
Gläschen intus?

So, hēnd-r schō a baar Virdala
wägbutzd?

Hallo Gustav! Wie geht's denn
immer?
Hast du noch Arbeit?
Je nun, als Gipser muss man sich
eben immer sehr schinden!

Hallóle, Guschdav! Wia gôhz ēmmer?

Hôsch nōh Gschäfd?
Hanó, alz Ibser muasch-de hald
ällaweil arrg schēnda!

Haha, der Kerl nagt bald am
Hungertuch, wenn er nicht gerade
Rostbraten isst!

Haha, där Kärle naagd bald nōh am
Hōngerduach, wann-r nedd graad
Roschdbrôôda frißd!

Mariechen, bring mir meinen
Rotwein!

Mariele, brēng-mr main Rooda!

Den Uhlbacher, weißt schon!

Da Uhlbächr, woischd schō!

Habt Ihr schon gehört, dass unser
Bürgermeister noch einmal
kandidieren will?
Dieser Mistkerl! Bei ihm wär's auch
Zeit, dass er zu Hause bleibt und
bloß noch seine Frau ärgert!

Hēnd-r schō gheerd, dass ōnzer
Schultes 's nomôl wissa will?
Där Lômbaseggl! Bei dem wär's au
an dr Zeid, dass'r dahoim bleibt ōnd
bloß nōh sai Alde ärgard!

Und du, Karl – was tust du so den
ganzen Tag?

Ōnd du, Karle – wa machsch nôh da
ganza Daag?

Den Schnecken auf den Schwanz
hauen?

D'Schnegga uff d'Schwēnz schlah?

Sei du nur ruhig!

Hald jô dai Gosch!

Ich habe genug zu tun in meinem
Weinberg!

I hän Gschäfd gnuag ēn
maim Wēngert!

Ja, Mistbrühe verteilen aus dem
Güllefass, haha!

Jô – Scheißbriah vrdoila aus'm
Gillafaß, haha!

Mariechen, bring mir noch ein
Gläschen voll!
Heute trink ich noch eins!

Mariele, brēng-mr nōh a Gläsle voll!

Heid schlotz i nōh ōiß!

Erwin, warum blickst du so trübe
drein?
Du sagst ja kein Wort heute!
Lass mich in Ruhe, ich bin halbtot!

Ärwin, wa glotzsch so driab?

Du sechsch jô gar nix heid?
Looß-me ēn Ruah, i bēh halba hēē!

Schwäbischer Alltag

Ich bin heute Morgen beim Arzt gewesen...	Bēnn beim Doggdr gwä heid morga ...
Und? Was fehlt dir denn?	Ōnd? Wa hôsch nôh?
Du bist doch nicht etwa krank?	Bisch doch et grängg?
Er sagt, ich soll keinen Alkohol mehr trinken!	Där sechd, i sodd nix me saufa!
Keinen Wein, keinen Most, kein Schnäpschen mehr! Nichts!	Kōin Wai, kōin Mooschd, kōi Schnäbsle meh! Nix!

Schwäbischer Alltag

Wer nicht schafft...

Kommentar einer schwäbischen Nachbarin über eine chronische Langschläferin: »**Dui machd mēh am Bedd hēē, alz Gott's Will isch!**« (Die macht mehr am Bett kaputt, als es Gottes Wille ist!)

Ach was, blödes Gerede!	Ah wa, saudōmms Gschwätz!
In unserem Alter tut einem das doch nur noch gut! Prost, Leutchen!	En önzram Aldr duad ōim deeß doch blooß guad! Brooschd, Leidla!
He, unser Ernst wird in einer Woche fünfundsiebzig!	He, dr Ernschdle wird en-ra Woch faifasibzich!
Müsste man ihm nicht was schenken?	Miaßd-mr deem äbbas schēngga?
I wo! Der hat doch schon Geld wie Heu!	Ah wa! Där hôt doch eh Gäld wia Hai!
Er braucht nichts!	Där braucht nix!
Robert, du als Wirt hier drin, was meinst du?	Robärd, du alz Wird dôhenna, wa moinsch du drzua?
Nun, er darf bei mir umsonst was essen ...	Hanó, där därf bei mir omasöönschd väschbara ...
... aber seine fünf Gläser Wein kann er selbst bezahlen!	... abbr seine fēmf Virdala kähn-r sälber zahle!
Da hast du ganz Recht, Robert!	Dô hôsch rächd, Robärd!
Nur niemand verwöhnen, und besonders nicht deine Gäste!	Nôh nedd d'Leid vrwēahna, önd bsönders nedd daine Gäschd!
Bei uns am Stammtisch ist es eben schön!	Bei önz äm Schdämmdisch isch's hald schēē!
Man sagt's, wie es ist, nicht wahr?	Mr sait's wia's isch, gell?
Da hast du Recht!	Dô hôsch rächd!
Zu Hause herumsitzen und fernsehen, pah!	Drhoim rômhogga önd färngugga, bah!
Also, es lebe der Stammtisch! Prost!	Alzo, äs läbe där Schdämmdisch! Brooschd!

Schwäbischer Alltag

Beim Arzt und in der Apotheke

Wo ist die nächste Apotheke?	Wo isch d'näggschd Abodeeg?
Wann hat die Ärztin Sprechstunde?	Wenn hôt d'Doggdere Schbrächschdönd?
Ich bin Privatpatient!	I bēh brifaad!
Hier bitte, meine Versicherungskarte!	Dô hēnt-Se mai Kárd!
Ich habe Rückenschmerzen, Herr Doktor!	Herr Doggdr, i hän'z em Greiz!
Ich habe zu schwer gehoben!	I hän-me vrlubfd!
Mich hat eine Wespe gestochen!	A Weffzg hôt me gschdocha!
Ich leide ständig unter Schüttelfrost! Sehr unangenehm!	I hän ällaweil so än Schiddlfroschd! Arrg ôöäägnehm!
Die Krampfadern machen mir sehr zu schaffen!	Maine Grämbfôdera machad-mr schwär z'schaffa!
Was hab ich? Einen überhöhten Blutdruck?	Wa hän-i? En z'hoha Bluaddrugg? Hanó!
Jedes Frühjahr bekomme ich diesen schlimmen Heuschnupfen!	Äll Friehjôhr kriag-i so saumäßich da Haischnubfa!
Mit dem Stuhlgang klappt es nicht so bei mir!	Mai Schduahlgang isch au nēmme deeß!
Meine Prostata ist auch nicht mehr so toll!	Mai Broschdada schaffd au nēmme rächd!

Schwäbischer Alltag

Ich habe mir einen Holzsplitter ins Gesäß eingezogen!

I hän-mr an Schbreißa en da Hendera grissa!

Ich habe eine Schwellung an der Lippe!

I hän a Hubbl an dr Lubbl!

Ich hatte dauernd Schwindelanfälle und Schwächezustände!

Mir war emmer so durmelich önd lommelich!

Dann wurde ich ohnmächtig!

Nôh benn-i ômghageld!

War das wohl ein Schlaganfall, Herr Doktor?

Moinet-Se, deß war a Schlägle, Herr Doggdr?

Mir ist sterbenselend!

Mir isch höndsliadrich!

Das ist doch nichts Ernstes?

Desch doch edd schlemm, häh?

Mein Töchterchen hat Mumps!

Mai Gloine hôt de Wochadibbl!

Sie ist ganz bleich!

Se siehd aus wia's Kätzle am Bauch!

Ich habe mir den Daumen gebrochen!

I hän-mr da Dôôma brocha!

Muss man da operieren?

Muaß dô oberierd wärra?

Ich habe am ganzen Leib Eiterbläschen!

I hän iiberaal Oiderbebbela!

Das juckt ganz schrecklich!

Deß beißt schö saumäßich!

Meine Prothese drückt mich sehr, dort hinten links!

Mai Brodeeß druggd me saumäßich, dô henda lenggs!

An dem Backenzahn ist ein Stück weggebrochen!

Än dem Baagazäh isch äbbes äähgrachd!

Können Sie ihn nochmal richten?

Griaget-Se den nomôl nöh?

Der Eckzahn rechts müsste abgeschliffen werden!

Den Eggzäh rächz sodd-mr ähschleifa!

Meine Brücke hat sich gelockert!

Mai Brigg waggld!

Ich hätte eben doch schon ein bisschen früher zu Ihnen kommen sollen, Herr Doktor!

I hedd hald doch äbbas friehr zu Eähne kômma sodda, Härr Doggdr!

Muss der Zahn gezogen werden? Aber doch mit Betäubung, oder?

Muaß der Zäh zôga wärra? Abbr i griag tai a Schbritz, gell!

98

Schwäbischer Alltag

Herr Apotheker, hätten Sie ein potenzförderndes Mittel?	Härr Abodeegr, heddad-Se guade Dablädda oddr Drebfla fir da Säx?
Es klappt nicht mehr so recht bei mir!	'S lesst arrg nôch bei mr!
Auch die beste Krankheit taugt nichts!	D'beschd Grängged isch nex wärd!

Große und kleine Beschwerden

Herr Doktor, ich leide an ...   **Herr Doggdr, i hän ...**

Arthritis im Knie	Adridiß ēm Knia
Atembeschwerden	mai Nood midd am Schnaufa
Blasensteinen	Blôßaschdōi
Drüsenschwellungen	gschwollene Drießa
Eileiterentzündung	Ailaidrēnzindông
einer Fettleber	a Fäddläber
Halsschmerzen	's Halzwaih
Herzklopfen	da Härzkaschber
Heuschnupfen	da Haischnubfa
Husten	ēn Huaschda
Kopfschmerzen	's Schädlwaih
Kreislaufstörungen	Graißlaufschdeerōnga
Leibschmerzen	's Ränzawaih
Leberschmerzen	's Lääbrwaih
Lungenentzündung	Lõngaēnzindông
Magengeschwüren	Maagagschwier
Masern	roode Flegga
Mandelentzündung	gschwollane Mändla
Nasenbluten	Nôôßabluada
Polypen in der Nase	Bolibba ēn dr Nôôß
Unterleibsschmerzen	a Ziaga ēm Õnderleib
Wundschorf	Rufa, Schrõnda

Würden Sie mir bitte ...   **Däddet-Se mr nedd ...**
verschreiben?   **verschreiba?**

ein Abführmittel	a Abfiehrmiddl
Augentropfen	Augadrebfla
einen Gummistrumpf	en Gõmmischdrõmbf
ein Hühneraugenmittel	äbbes fir d'Heähnerauga
Tropfen gegen Keuchhusten	Drebfla fir da Keichhuaschda
eine Furunkelsalbe	a Sälble fir Õißa
Rheumazäpfchen	Zäbfla fir main Reißmadeiß
Tabletten gegen Wetterfühligkeit	Pilla gega Wädderfiehlichkeit
eine Wurmkur	äbbes fir maine Wirm

Ich bedanke mich recht herzlich, Herr Doktor!	I dängg rechd schēē, Herr Doggdr!

S. 26

> Schwäbischer Alltag

Beim Optiker

Ich muss zum Optiker wegen einer neuen Brille!	I muaß zöm Obdiggr, brauch a neia Brill!
Aha, jetzt soll ich die Zahlen auf dem Schaubild lesen?	Ah, etz sodd i di Zahla dôhända läsa?
Fünf, neun, sieben...	Fẽmbf, nain, sieba ...
Mit diesen Gläsern erkenne ich fast nichts – keine einzige Zahl!	Abbr mid denne Glääßr säh i än Drägg! Koi gotziche Zahl!
Und wohin soll ich jetzt schauen? Dorthin?	Önd wo soll i jetzad nôhgugga? Dô nôm?
Jetzt wird's schon besser! Zwei, acht, eins...	Etz wirt's a bißle besser! Zwoi, achd, oiß ...
Die Sicht ist noch nicht ganz klar!	I hän ẽmmer nõh mei Nõôd middam Abläsa!
Jetzt ist es gut! Drei, sechs, neun...	Etz isch guad! Drei, sex, näin ...
Und jetzt zeigen Sie mir ein paar Fassungen!	Kẽnnd i jetz a baar schẽẽne Gschdell säh?
Nein, diese fünf stehen mir überhaupt nicht! Schrecklich!	Noi, wia'n-i mid denne fẽmbf aussäh! Groußlich!
Diese hier drückt sehr auf meinen Nasenrücken!	Di dô druggd me abbr arrg uff dr Nôôß!
Diese Fassung sieht gar nicht übel aus!	Deß Gschdell dô wär nedd schlächd!
Ich setze sie mir nochmal auf!	I setz se mr nõmôl uff!
Die nehme ich! Vielen Dank!	Dia will i hän! Önd dänggschẽẽ!

In der Bank und auf der Post

Bank

An welchem Schalter kann man Geld wechseln?	An wellem Schaldr käh-mr Gäld wäxla?
Würden Sie mir bitte diesen Geldschein wechseln?	Däädet-Se mr bidde den Schai dô wäxla?
Wie viel bekomme ich für ...?	Wa griagd-mr fir ...?

S. 25

100

Schwäbischer Alltag

Der schwäbische Gruß

Das berühmte Zitat aus Goethes »Götz von Berlichingen« ist natürlich in allen deutschen Landen verbreitet, aber – abgesehen von Bayern – fast überall nur als Ausdruck der totalen Ablehnung.

Im Schwäbischen hingegen hat das Kraftwort mehrere feine Nuancen, besonders als Ausdruck
a) der Verblüffung oder großen Überraschung: »**Lägg mi am Aarsch, wo kommsch nôh her?**«
b) heller Freude: »**L.m.a.A., i hän em Loddo gwonna!**«
c) höchster Anerkennung: »**L.m.a.A., deß war abber sauguad!**«
d) tiefer Enttäuschung: »**L.m.a.A., deß isch danäbagänga!**«

Ein Schwabe, der sich in einem bösen Dilemma befand, fragte einen guten Freund um Rat, was er denn tun solle. Der meinte nur: »**Nemm doch da goldena Middlwäg – saag oifach: Lägg mi am Aarsch!**«

Unterschreiben Sie bitte hier!	Ônderschreiba, dôhända!
Ich brauche einen Einzahlungsschein!	I breichd ān Aizahlōngsschoi!
Ich möchte 100 Euro auf mein Sparbuch einzahlen!	I mechd hönderd Euro uff mai Schbarbiachle lega!
Diese Handschrift ist ganz unleserlich!	Deß käh jô koi Sau läßa!
Ich will einen Betrag von meinem Konto abheben!	I muaß äbbes vō maim Kōndo raanēmma!
In kleinen Scheinen bitte, und ein wenig Kleingeld!	I hedd gärn gloine Schoi ōnd äbbes Gloigäld!
Dieses Formular ist völlig unverständlich!	Ous dem Zäddl dô kommd jô koi Sau drauß!
Das lasse ich mir nicht gefallen.	Deß laß' i mir nedd gfalla.
Ich werde mich über Sie beschweren!	I wärd mi ieber Sia beschwära!
Wo ist das Büro des Filialleiters?	Wo isch äm Direggder sai Bíro?
He, das ist mein Kugelschreiber, klar?	Hanô, deß Schreiberle gheerd fai mir!
Samstags haben die Banken geschlossen, nicht wahr?	Gell, sämschdichs hēnd d'Bängga zua?
Dann muss ich eben den Geldautomaten benutzen!	Nôh muaß-e'ß hald ous am Audomada rauslassa!

S. 25

101

Schwäbischer Alltag

Post

Wo ist das nächste Postamt?	Wo isch d'näggschd Boschd?
Zuerst brauche ich 50 fünfundvierziger-Marken!	Zeersch gäbbet-Se mr fuffzich fenfavirzger-Briafmarga!
Dann noch einige Paketkarten!	Nô breichd-i nôh a baar Pageddkärdla!
Dieses Päckchen möchte ich abschikken!	Deß Päggle mechd-e uffgäba!
Haben Sie auch Sondermarken?	Hĕnd-Se au nôh Sondrmarga?
Und da wäre noch eine Drucksache!	Ōnd dô hedd-e nôh a Druggsach!

S. 25

102

Schwäbischer Alltag

Wie hoch ist das Porto für eine Postkarte nach Österreich?	Wa muaß-mr uff a Boschdkärdle nôch Eschdreich bäbba?
Eine Telefonkarte, bitte!	A Telefõhkard, bidde!
Ein Ferngespräch nach Tübingen bitte! Die Nummer hab' ich nicht mehr im Kopf!	I mechd a Färngschbräch nôch Diebênga ãhmelda! D'Nõmmer woiß i nêmme!
Der Amtsfernsprecher ist kaputt! Dann gehe ich eben zu einer Telefonzelle auf der Straße!	'S Télefõh êm Amd isch hêê! Nôh gãng-i hald ên a Télefõhheißle ên dr Schdrôß!
Das Schlange stehen macht mich noch krank!	Deß länge Ãhschdända machd me greiznarrad!
Drängeln Sie doch nicht so!	Drugget-Se doch edd so!
Was schnauzen Sie mich so an!	Se brauchad-me gar-edd so ãhbäffa!
Ich war aber vor Ihnen hier!	Hanó, i war fai vor Êãhne dô!
Die Frau am Schalter quatscht und quatscht!	Dia Frau, die graad ãm Schaldr schdôhd, schwätzd den Beamda nôh z'dood!
Die Post war früher auch mal besser! Zwei Schalter geschlossen, und am dritten ist keiner! Die machen wohl Essenspause!	D'Boschd isch au nêmme deeß! Zwoi Schaldr hênd zua, ônd am dridda isch koi Sau! Dia veschbered älle, glaubsch?
Beamte sind auch Menschen!	D'Beãmde sênd au Leid!
Tja, das Menschlich-Allzumenschliche!	'S mênschaled hald üüberaal!

Bei der Polizei

Ich möchte eine Anzeige erstatten, Herr Wachtmeister!	I muaß äbbes ôhzaiga, Herr Wachdmoischder!
Man hat mir meinen Geldbeutel gestohlen!	Mir hênt-Se mein Gäldbeidl gschdôhla!
In meinem Zimmer wurde eingebrochen!	En maim Zêmmer isch aibrocha worra!
Können Sie sich ausweisen?	Kênnat-Se sich ausweisa?
Haben Sie Zeugen?	Hênt-Se Zeiga?

Ich verweigere die Aussage!	I sag gar nix mēh!
Ich bin bestimmt nicht mehr als 50 gefahren!	I bēh gwieß nedd mēh wia fuffzich gfahra!
Ich war durchaus nicht betrunken!	I war iiberhaubd nedd bsoffa!
Wir saßen gemütlich beisammen und haben geplaudert!	Mir sēnd gānz gmiadlich zsāmmaghoggd ōnd hēnd midnāndr gschwätzd!
Da hab ich mir ein Späßchen erlaubt!	Nôh hān-i bloß a Schbäßle gmachd!
Plötzlich schlägt er mir voll ins Gesicht! Ich habe nur zurück- geschlagen!	Uff oimôl haud der mir dönder- schlächdich uff d'Gosch nuff! Nôh hān-i hald zrigkhaua!
Er hat mich einen Sauschwaben genannt!	Der hôt mi an Sauschwôb gschömpfa!

Antrittsbesuch der neuen Mieter

Also spricht die Hauswirtin:

Oh, danke für die Blümchen!	Oh, dänggschēē fir dia Blēāmla!
Das wäre doch wirklich nicht nötig gewesen!	Deß hett's doch nedd brauchd!
Darf ich Ihnen etwas anbieten?	Derf-i Ēāhne äbbes āhbieda?
Sie trinken doch ein Tässchen Kaffee mit?	A Tāßle Káffee drēnggat-Se abbr?
Die Brezeln sind leider etwas teigig! Viel zu weich!	Die Brātzla sēnd abbr a bißle dalged! Viel z'woich!
Wie lange sind Sie schon hier in Sindelfingen?	Seid wēnn sēnt-Se schō bei önz en Sēndlfēnga?
Erst seit zwei Wochen? Na, da können Sie aber froh sein, dass Sie schon eine Wohnung gefunden ha- ben, und auch noch eine so schöne!	Erschd zwoi Wocha? Ha, dô kennat-Se aabr lacha, daß Se schō a Wöhnöng gfönda hēnd, au nôh so a schēēne!
Und wie gefällt es Ihnen hier?	Ōnd wie gfallt's-En nôh bei önz?
Tja, es ist schon eine Umstellung!	Hanó, mr muaß sich freile ersch aigwēēhna!
Ihre Möbel kommen erst über- morgen nach?	Ihre Meebl kommed ersch ibrmorga nöch?

Schwäbischer Alltag

Es ist eben eine weite Strecke von Berlin hierher!	'S isch hald a weider Wäg von dem Bärlin här!
So, Computerfachmann sind Sie? Ja, da können Sie sich diese Wohnung schon leisten!	So, midd de Kōmbjudr hēnt-Se z'dōā? Hanó, dô werdat-Se d'Miede schō zahla kenna!
Und Sie, Frau ..., wie war doch der Name?	Ōnd Sie, Frau ..., wia hoißet-Se doch glei?
Richtig! Arbeiten Sie auch?	Schdēmmd! Schaffed Sia au äbbes?
Aha, Pädagogik haben Sie studiert?	A-wá, Lährere hēnt-Se schdudierd?
Aber keine Aussicht auf eine Anstellung!	Abber koi Schdell, ojée!
Nun, im Haushalt gibt es schließlich auch jede Menge zu tun, nicht wahr?	Ha, em Houßhald gibt's Gschäfd graad gnuag, gell?

Schwäbischer Alltag

Kochen, Waschen, Bügeln, Flicken, Putzen ...

Kocha, Wäscha, Biegla, Fligga, Butza ...

A propos Putzen – in Stuttgart wurde ja die Kehrwoche abgeschafft, aber wir hier halten noch daran fest!

Weggam Butza – z'Schduegerd hēnt-se jô d'Kehrwoch abgschaffd, abbr mir sēnd ēmmer nö drfir!

Hauptsache, es ist sauber!

Haubdsach souber!

Die Fenster reinigen wir wöchentlich einmal, freitags, besonders die zur Straße hinaus!

D'Fēnschdr butzad-mr äll Woch amôl, freidichs, bsōnders zur Schdrôôß nauß!

Ansonsten dreht es sich eben ums Treppenhaus und die Holztreppe zum Dachboden, die Kellerstufen, das Kellergeschoss und die Garage!

Sōnsch gôht's hald ōms Drebbahaus, ōm d'Schdiag zur Bēähne nuff, d'Källerschdäffala, ōm da Suddräh (= Souterrain) ōnd d'Garaasch!

Jede zweite Woche sind also Sie an der Reihe!

Alzo, äll änder Woch sēnt Sie drôh!

Der Gehsteig muss auch gefegt werden, und der Rinnstein!

'S Droddwaar mueß au kheerd werda, au d'Kändl!

Ach so, Sie nehmen dann eine Reinemachefrau?

Ah-só, Sie wellad dô drzua a Butzfrau nēmma?

Außer einem Abfallbehälter brauchen Sie auch noch Müllmarken!

Außerem Kudderoimer brauchet-Se au nōh Millmärgla!

Die Tapete für den Flur können Sie sich selbst aussuchen!

Die Dabéed em Ēärn kēnnat-Se sich sälbr raussuacha!

Auf der Veranda dürfen Sie aber keine Wäsche aufhängen!

Uff-dr Werända dirfat-Se aaber koi Wesch uffhēnga!

Wie? Einen Hund haben Sie? Naja, so ein kleiner Dackel geht ja noch!

Ha-jétz! En Hōnd hēnt-Se au nōh? Hanó, so a Daggele isch jô nedd schlēmm!

Aber Kinder haben Sie keine, nicht wahr?
Nanu, Sie wünschen sich eins? Auch noch gleich zwei?

Abber Kēnder hēnt-Se koine, gell?
Ja-wáaß, Sie welled oiß? Gar Schdigger zwoi?

Aber eins merken Sie sich: Untervermietet wird nicht! So steht's ja auch im Mietvertrag!

Abbr oiß sag-i Eähne glei: Ōndermiedr gibt's fai nedd! Schdôhd jô au so em Mietvrdraag!

Wenn uns mal etwas missfallen sollte, werden wir uns schon melden!

Ōnd wann ōnz amôl waß nedd baßd, saga-mr's schö!

Schwäbischer Alltag

Wie, was? Sie verstehen mich schlecht?	Wá-isch? Sie vrschdänded-me nedd rächd?
Tja, hier spricht man eben, wie einem der Schnabel gewachsen ist!	Hanó, bei önz schwätzd-mr hald, wie oim dr Schnabl gwachsa isch!
Das Schwäbische werden Sie schon noch lernen!	Deß lärnat-Se schö nöh, deß Schwääbisch!
Hauptsache, wir kommen gut miteinander aus!	Haubdsach, mr kommed gued auß midnändr!
Bei uns sagt man, was los ist!	Mr saggt's hald, wia-ß isch!
Greifen Sie nur zu, nehmen Sie vom Gebäck – es ist selbst gebacken!	Länget-Se ruich zue, probieret-Se die Guetsla, sälberbagga!
Unser Bankkonto haben Sie ja notiert, wegen der Mietüberweisungen!	Õnzer Kõndo hênt-Se jô, wegga der Iberweisõng!

Persönlichkeitstest

Nachdem Sie nun den Polyglott-Sprachführer Schwäbisch so gründlich studiert haben, unterziehen Sie sich doch mal diesem sprachlichen Persönlichkeitstest! Es folgen 40 Wörter der Schriftsprache in schwäbischem Gewand – wie viele davon können Sie einwandfrei identifizieren?

1. BFENGSCHDA
2. HENDSCHICH
3. SCHDIEBLE
4. LEEB
5. BIEBERLA
6. SODELE
7. OIDRZAH
8. BUTZNÄRRE
9. BLOAMAKEHL
10. ADELE
11. BIXAEFFNR
12. BLEDDRDOIG
13. ETZEDLE
14. SOILDENZERE
15. HAUCHZICH
16. MEEDICHS
17. SCHÄSSLOH
18. HOIMEDOBAD
19. GRISCHBOOM
20. AORAWAIH
21. WASELE
22. OOSCHDRA
23. SCHDRIGGJÄGGLE
24. OOAHGNEEM
25. HIADLE
26. ZAIA
27. GLOMB
28. BLEAMLE
29. WENGERDR
30. DRHOIMDA
31. HENDRDOII
32. ZWETSCHGADERDLE
33. XICHZMASG
34. ZEERSCH
35. OMMASOOSCHD
36. GNUI
37. JOOMER
38. GLOOBIRSCHD
39. RAA
40. WÄRRDICHS

Die Lösung finden Sie auf Seite 119.

i

Reisewörterbuch Deutsch–Schwäbisch

Die angegebenen Seitenzahlen verweisen auf das Unterkapitel, in dem das Wort bzw. ein bedeutungsverwandtes Wort in einer typischen Gesprächssituation vorkommt. Dort finden Sie in den farbig unterlegten Wortlisten weitere Begriffe zu den speziellen Themen.

A
abbestellen abbschdella
Abbildung Abbildöng
Abend Ôbed, Ôbend 31
Abendessen Nachdässa, Ôbendässa 36
Abenteuer(urlaub) Abenteier(uhrlaub)
aber abbr, aabr
Abfahrt Abfard
Abfertigung Abfärdigöng
abgelegen abglääga
abreisen abraißa
abschleppen abschlebba
Abteil Abdail
abwärts nönder, nähzuaß
Achtung Achdöng
Adresse Adreß
ändern ēndara
ärgern ärgara
Ärmel Erml
alle älle
allein alloi
alles ällas
Alpen Alba 46
alt ald
Altar Aldaar
Alter Aldr
Altstadt Aldschdadd
Ampel Ãmbl 41
Amt Ãmd
an ānn, āhn
anders āndersch(d)
Anfall Ãhfall
Anfang Ãhfang
Angst Ãngschd
Animateur Ãnnimadeer

ankommen āhkomma
Anlage Ãhlaag
Anmeldung Ãhmäldöng
Anorak Annorag
anreisen āhraißa
anrufen āhruafa
Anschluss Ãhschluß
anstrengend āhschdrēngend
Antiquitäten Ãndikwidääda
Anwalt Ãhwald
Anzug Ãhzuag
Apotheke Abodeeg 97
Arbeit Gschäfd 94
Arzt Doggdr 97, 99
Ärztin Doggdere, Frau Doggdr 97
auch au
auf uff, ouf
Aufenthalt Oufendhald
aufwärmen uffwärma
Auf Wiedersehen! Ade! Adee(le)! Tschiß(le) 31
Augenblick Augabligg
aus ouß
Ausfahrt Oußfard
Ausflug Oußflug
Ausgabe Oußgaab
Ausgrabung Oußgraaböng
Auskunft Oußkömfd
Ausländer Oußlēndr
außen drussa
außerdem oußrdēēm
Aussichtspunkt Oußichzpöngd
aussteigen oußschdeiga
Ausweis Oußweiß
Auto Oudo 50
Autobahn Oudobäh 41, 46

B
Baby Bäbi
Babyfläschchen Bäbifläschle
Bad Baad 47
Badeanzug Badāhzug 70
Badehose Badhoß 70
Bäckerei Beggerei 18
Bahnhof Bäähoof
Bahnsteig Bähschdoig

108

Reisewörterbuch Deutsch–Schwäbisch

Bank Bängg 101
Bargeld Baargäld
Batterie Badderie 43
Baumwolle Baumwoll
Bedienung Bedienŏng
beide boide, baide
Bein(e) Fuaß, pl Fiaß 76
Beleuchtung Beleichdŏng
Berg Bärrg, Buggl 68
bergauf (dä Bärgg) nuff
Beschwerde Beschwärd(e)
Besichtigung Bsichdigŏng
Besitzer Bsitzr
besonders bsŏndrß
besorgen bsorga
Besteck Bschdegg
bestellen bschdella
bestimmt bschdĕmmd
bestreiten beschdreida
Bestseller Beschdsällar
beten bäda
Betrag Bedraag
Betriebsstörung Bedriebsschdeerŏng
Betrug Bedruug
betrunken bsoffa
Bett Bedd
Bettdecke Beddegge
BH Bee-haa
Biergarten Biergarda
Bierzelt Bierzäld
Bildungslücke Bildŏngsligge
billig billich 33
Birke Birrg
bis biß
bis dann biß bald
bisschen, ein bißle, a
bitte bidde, biddschëë
Blechschaden Blächschada
bleich bloich
blind blĕnd
Blockschokolade Bloggschogglad
blöd bleed
Blumen(laden) Blŏăma(laada)
Bluse Bluß, Blihßle 35, 89
Blut Bluad
Bockwurst Boggwurschd
Boden Booda
böse beeß
Boot Bood(le)
Boutique Budigg
braten brŏŏda

Brathähnchen (brŏŏdas) Geggale
Brauchtum Brauchdŏm
breit broid
Bremse Bremß
brennen brenna
Brezel Brätzl 12
Brief(kasten) Briaf(kaschda)
Briefmarke Briafmarg 102
Brieftasche Briafdasch
Brille Brill 100
Brötchen Breedle, pl Breedla;
  Weggle, pl Weggla 12, 87
Brosche Brosch
Brotzeit Väschbr
Bruder Bruedr
Brücke Brigg 69
Brunnen Brŏnna
Buch(handlung) Buach(laada)
Bucht Buchd
Bürgermeister Birgermoischdr,
  Schultes 94
Büro Biro
Burg Burrg
Bus(bahnhof) Buss(bähhof)
Butter (der) Buddr

C
Café Caffe
Campingplatz Kĕmbingblatz 50
Cousin(e) Kussäh (Kusiene),
  Veddr (Bääßle) 54, 92

D
da dŏh
dafür drfihr
dagegen drgeega
daheim drhoim(da)
damals dŏmŏlz
Damen Dăămă
danach hĕndrhäär
danke(schön) dängge (dänggschëë)
dann nŏh
dasselbe 's gleiche
Datum Daadom
Decke Degg(e)
defekt defäggd, hëë
Delikatesse Dellikadeß
deshalb drom
deutsch deidsch
Deutschland Deidschländ
dick digg

109

Reisewörterbuch Deutsch-Schwäbisch

Diebstahl Diebschdahl
Dienstag Dĕnnschdich, Dinschdaag
Dienstbote Dĕnschbodd
diese(r, -s) selle(r, sell), däär, deß
Ding Dĕng
Direktor Direggder
Diskothek Dißkodĕĕg
Donnerstag Dŏnnerschdaag, Dôôrschdich
doof bleed
Doppelleben Dobbllääba
doppelt dobbld
Dorf Derfle
dort dô drŏmma, dôhănda
Dosenöffner Dosaeffner
Drachenflieger Drachafliegr
Draht Drôôd
draußen drouba, drussa
Drecknest Drăggnäschd
dringend ŏhbedĕngd
drinnen drĕnna
Drogerie Droggerie
drücken drigga
dünn dinn
dumm dŏmm
dunkel dŏnggl
Durst Durschd
Dusche Dúsche
duschen dúscha
Düsenflugzeug Diesafluagzeig

E

Ebene Eebane
echt ächd
Ecke Egg
Edelstein Edlschdoi
Ehefrau Frau
Ehemann Măh
Ehepaar Ehebaar
Ehrenbürger Ăhrabirgr
Eichhörnchen Aichhĕrrnle
eigenhändig ŏigahĕndich
Eimer Oimer 53
Eingang Aigăng
einige a baar
einkaufen aikaufa
Einkaufszentrum Aikaufszĕndrŏmm
einladen ailada
einmal oimôl
einparken aiparga
einsam ainßamm

Eintritt(skarte) Aidridd(zkard) 65
einverstanden aiferschdända
Einwohner Aiwŏhner
Eisenbahn Eißabăh
Elektrohandlung Eleggdrogschäfd
Eltern Eldern
empfehlen ĕmbfähla
Endstation Ĕndschadziŏh
Enkelkind Enggale
Entschuldigung Endschuldigŏng
entwickeln ĕndwiggla
er ähr
Erbse Ärbs
Erde Ărrde
Erdgeschoss Ărrdgschoß
erfrieren vrfriera
Ergebnis Ärgäbniß
erkälten vrkellda
erschöpft ärschebfd
Erwachsener Ärwaxenr
Erzählung Gschichd
es ähß
Essen Ässa
etwas äbbes

F

Fabrik Fabrigg
fade faad
Fahrkarte Fahrkard
Fahrplan Fahrblăh 39
Fahrrad Fahrrädle
Familie Familje
Farbe Farb
Fassade Fassaad
faul foul
fehlen fähla
Fehler Fählr
Feiertag Feirdaag, Feierdich
Feld Făld
Ferien(haus) Feria(houß)
Ferngespräch Färngschbräch 103
fertig färdich
Fest Fäschd
fest feschd
feucht feichd
Feuer(löscher) Feier(leschr)
Feuerwehr Feierwehr
Finger Fĕngr
finster fenschdr, dŏnggl
Fischgeschäft Fischlaada
Flasche Flasch 58

110

Reisewörterbuch Deutsch-Schwäbisch

Fleisch Floisch
Fliegen(netz) Mugga(netz)
flirten flerda
Flohmarkt Flohmergd
Flughafen Flughafa 46
Flugzeug Fluagzeig
Föhn Feen
fort ford
Foto(apparat) Fodo(abbaraad)
Fotogeschäft Fodogschäfd
fotografieren fodografiera
Frage Frôôg
Freitag Freidich
Fremdenverkehrsamt Frēmdavrkehrsāmd
Freund(in) Fraind(in)
Friseur Frißeer 88
Frottee Fróddeh
früh frieh
Frühling Friehlēng
Frühstück Friehschdigg 11, 49, 60
Führerschein Fiehrerschai
Führung Fiehrōng 65
für fir
Fundbüro Fŭndbirro
Fußball Fuaßball
Fußgänger Fuaßgēngr

G

Gabel Gaabl, Gääbale
Garage Garaasch 45
Garantie Garändie
Garten Garda 93
Gebirge Bärg
geboren gebohra
Gebühr Gebiehr
Geburtstag Geburtsdaag 93
Gefahr Gfahr
Gefühl Gfiehl
gegen gega
gehen laufa, ganga
Geist Goischd
gekocht kochd
gelb gälb
Geld(beutel) Gäld(beidl)
Geldwechsel Gäldwäxl
gemein gemain
Gemüse Gmiaß
gemütlich gmiadlich 92
genug gnuag
geöffnet offa, uff

Gepäck Gepägg
geradeaus graadouß
Gericht Grichd
gern gärn
Geruch Gruch
Gesäß Hēndra, Bobbole 38
Geschäft Gschäfd
Geschenk Gschēngg
Geschichte Gschichd
geschlossen gschlossa, zua
Geschmack Gschmagg
Geschwindigkeit Tēmbo
gesund gsönd
Getränk Gedrēngg
getrennt drēnnd
Gewicht Gwichd
Gewitter Wäddr, Gwiddr 52, 69
Gewölbe Gwelb
giftig gifdich
Glas Glaaß 81
glauben glauba
Glockenspiel Gloggaschbiel
glücklich gligglich
Grad Graad
gratulieren graduliera
Grenze Grēnz
groß grauß, grooß
Großmutter Großmuadr, Ähne
Großvater Großvadder, Ähne
grün grēa, grien
grüßen grießa
Grund Grond
Gruppe Grubb
gültig gildich
Gürtel Girdl
Gummistiefel Gummischdiefl, Rohrschdiefl
Gurt Gurd
gut guad

H

Haar(bürste) Hôôr(birschd) 89
Haarspray Hôôrschbrei
haben hän
haben Sie ...? hēnt-Se...?
hässlich wiaschd
Hafen Haafa
Halstuch Halzduach 88
halt! hald! Eeha!
halten halda
Haltestelle Haldeschdell

111

Reisewörterbuch Deutsch–Schwäbisch

Handgepäck Händgepägg
Handschuhe Hēndschich 88
Handtasche Händasch
Handtuch Hānduach 70
hart hard
Haus Houß
hausgemacht houßgmachd
Haushaltswaren Houßhalzwara
Heimat Hoimed, Haimad
heiß hoiß
heißen hoißa, haißa
Heizung Haizong
helfen helfa
Hemd Hēmmad, pl Hēmda, Hēmmader 89
Herbst Härbschd
Herren Härra
heute heid
hier dô
Himmel Hēmmel
hinter hēndr
hoch hauch, hooch
Hochzeit Hauchzich 54
Hölle Hell
hoffen hoffa
Hose Höōß 88
Hosenträger Höōßadräägr 87
Hotel Hodel 47
hübsch hibsch, nädd
Hütte Hidde
Hund Hōnd 106
Hunger Höngr
Hut Huad 88

Imbiß Väschbr 58
immer ēmmer, äll(a)weil
interessant indrässänd

ja ja, jô
Jacke Jagg
Jäckchen Jäggle
Jahr Jôhr 33
Jahreszeit Jôraszeid
Jeans Tschienß
jemand äbbr
jetzt (j)etz, (j)etzedle
Jogginghose Tschogginghooß
jung jōng
Junge Jōnger 92

junger Mensch jōnger Kärle
Junggeselle Jōnggsell

K

Kabine Kabien
Käse Käß
kalt kald
Kälteeinbruch Keldeaibruch
Kapelle Kabell 40, 67
Kapital Kabidaal
kaputt kabudd
Kartenautomat Kardaaudomaad
Kasse Kaß
Kasten Kaschda
Kater Kaadr
Kathedrale Kadedraal
Katze Katz
Kaufhaus Kaufhouß
kein koi
Kellner(in) Bedienōng, Kellner(e) 62
Kette Kedde
Keule Keil
kicken kigga
Kilometer Kilomeedr
Kind(chen) Kēnd(le), Bobbele 106
Kinderschwester Kēndrschweschdr
Kirche Kirch
Kirschkuchen Kirschakuacha
Kissen Kissa
Kiste Kischd
Kleid Kloid
Kleiderbügel Kloiderbiegel 48
Kleidung Kloidōng
klein gloi
Kleinkunstbühne Gloikōnschdbiehne
Kleinwagen Gloiwaaga
klettern gleddara
Kloßbrühe Gloaßbriah
Kloster Glooschdr
Klubjacke Glubbjagg
Knabe Bua(le)
Knackwurst Gnaggwurschd
Kneipe Boiz 55
Knie Knia, Gnie 38
Kniebundhose Gniebōndhooß
Knochen Gnocha
knusprig reesch
Knopf Gnepfle
Kochkunst Kochkünschd
Köchin Keche

Reisewörterbuch Deutsch–Schwäbisch

König Keenich
Körper Ränza, Kerbr
Kolbenfresser Kolbafrässr
Konzert Könzärd
Kopf Meggl 38
Kosmetik Koßmeedig
kosten koschda
Kostüm Koschdihm
Krabbe Grabb
Kragen Graaga
krank grangg
Krankenhaus Granggahouß
Krankenwagen Granggawaaga
Krawatte Grawadd
Krebs Gräbbs
Kreditkarte Gredidkärdle 49
Kreuzung Greizöng 41, 46
Krise Griße
krumm grömm
Kübel Kiebl
Kultur Kulduur
Kunsthandwerk Kunschdhandwärg
Kurgast Kuurgaschd
kurz kuurz
Kuss Kißle

L

Laden Laada
Lärm Grach
Landausflug Oußflug enz Ländle
Land Länd
Landstraße Ländschdrôôß
lang läng
langweilig längweilich, faad
Lastwagen Laschdwaga 41
laut loud
leben lääba
Lebensmittel Läbenzmiddl
Lebkuchen Läbbkuacha 80
Leberkäse(brötchen)
   Läberkäß(breedle)
Leder(waren) Lädr(war)
lernen lärna
Leute Leid
lieb liab
lieben meega
Liegestuhl Liegeschduahl
Liegewagen Liegewaaga
links lengs
Lippenstift Libbaschdifd
Liter Lidder

loben loba
Löffel Leffl
Luft Lufd, Luufd
Luftmatratze Lufdmadratz 51
Lungenentzündung Löngaenzindöng
Lust Luschd

M

machen macha
Mädchen Mädle, Jônge, pl Mädla
Mahlzeit Mahlzeid
manchmal mänchmôl
Mann Mäh
Mantel Mändl 88
Markt(halle) Margd(hall) 87
Marmelade Gsälz 60
Maschine Maschêê
mehr mee
mein/meine mai/mai(ne)
Messe Mäß
Messer Mässr
Meter Meedr
mieten mieda
Minute Minudd
mitbringen midbrênga
Mittag(essen) Middag(ässa) 33
Mittwoch Middwoch
Möbel(geschäft) Meebl(gschäfd)
   90, 104
möglich meeglich
Moment Momêndle
Monat Môônadd
Montag Mêêdich, Mônndaag
Morgen Morga
morgens morgenz 33
Most Moschd
Motor Modóor 42
Motorrad Modóorrad
Mücke Miqqle, pl Miqqla 50
müde miad
Müll Mill, Kehricht
Münze Minz
Mütze Mitz
Musik Musigg
musizieren musiziera
Mutter Mudder, Mämma
Muttersprache Muddrschbrôôch

N

nach nôch
Nachbar Nôchbr 81

113

| Reisewörterbuch Deutsch–Schwäbisch |

nachmittags nachmiddaax
Nachrichten Nõöchrichda
Nacht Nachd, Naachd
Nachthemd Nachdhēmmad 88
Nachtisch Nôôchdisch
nackt nagged
Nacktkultur Naggdkuldur
nächste(r) näggschde(r)
Nagelbürste Naaglbirschd
Nagelschere Naaglschäär
nahe nôôch
Name Nähma
Natur(faser) Naduur(faaßr)
Naturlehrpfad Naduurlährpfaad
neben näba
Neffe Näffe
nehmen nēmma
nein noi, nai
Nervenzusammenbruch
   Nervazammabruch
nett nädd
neu nei
nicht nedd, edda
Nichte Nichde
Nichtraucher Nichdraucher
nichts nix, nex
niedrig niedrich
niemand nēamrz
Niveau Nifõh
noch nõh
nötig needich
Norden Norda
Not Nood
Notar Nodaar
Notbremse Noodbremß
Notfall Noodfall
Notruf(säule) Noodruaf(seil)
Nummer Nõmmr
Nummernschild Nõmmraschild
nun jetz, etz(ad)
nur blooß

O

oben õba
Oberhemd Oobrhēmmad
Obst(geschäft) Obschd(laada)
Ochsenmaulsalat Oxamoulsalaad
oder oddr
öffentlich effēndlich
Öffnungszeiten Ēffnõngszeida
offen offa, uff

Ohrfeige Ohrfeig
Ohrringe Ohrrēng
Onkel Õnggl
Optiker Obdiggr 100
Ort Ord
Osten Oschda

P

Paar Baar, Bäärle
Päckchen Päggle 102
Palast Palaschd
Panne Pann
Papiere Babier(e)
Parfüm Parfihm
Park Parg
parken Parga
Party Paardie, Fäschdle 80
Pension Penziõh
Perücke Perrig
Pfingsten Bfēngschda 33
Pflanze Bflanz
Pfund Bfõnd 87
Pinzette Pinzedd
Piste Pischde
Platz Blatz
plötzlich uff oimôl
Politik Bolidigg
Polizei Bolizei
Polizist Bolizischd
Post(amt) Boschd(ämt) 102
Postkarte Boschdkard 103
Postleitzahl Boschdleizahl
Praline Bralien
Preis Breiß
Preuße Breiß
Priester Brieschdr
Promille Brohmille
Prosa Brooßa
Prospekt Broschbäggd
pünktlich pingdlich
Pullover Púllober 88
putzen butza

Q

Qualität Qualidäd
Quark Gwarg
Quittung Kwiddõng

R

Rabatt Rabadd
Rad fahren raadfahra

114

Reisewörterbuch Deutsch-Schwäbisch

Rasen Raaßa
Rasierapparat Raßierabberaad
Rasierklingen Raßierglēnga
Rasthaus Raschdhoūß
Rathaus Rôôdhoūß
Rechnung Rächnōng
rechts rächz
reden schwätza
Regen(jacke) Räga(jagg)
regnen räägna
Reifen Raifa
Reihe Raie
Reinigung Rainigōng
Reise(büro) Raiße(biro)
Reisebus Raißebuß
Reiseführer Raißefiehrer
Reisescheck Raißeschägg
Reitverein Reidverai
reklamieren reglamiera
Reptil Räbdiel
reservieren reßerwiera
Restaurant Reschdoräh
Rettungsboot Reddōngsbood
Rettungsring Reddōngsrēng
Reue Reie
Rezept Rezäbbd
Rezeption Rezäbbziöh
Rhein Rai
Rheuma Reima
richtig richdich
Richtung Richdōng
Ringstraße Rēngschdrôôß
Rock Rogg 88
Röckchen Reggle
Rockmusik Roggmußigg 79
Rolltreppe Rolldräbb
Römertopf Reemrdobf
röntgen rēnndga
Rostbraten Roschdbrôôda
Röstbrot Reeschdbrood
rot rood
Rucksack Ruggsagg 68
ruhig ruich 81
rund rōnd
Rundfahrt Rōndfard

S

Sache Sach
sagen saaga
Saison Saißōh
Sakko Jagg, Saggo, Kiddl

Samstag Sämschdich, Samschdaag 33
Sandalen Sändala
Satellit Sadelidd
satt sadd
Sauerkraut Sourgroud
schade! schaad!
Schadenersatz Schaadaersatz
Schafskälte Schôôfskelde
Schallplatte Schallbladde
Schalter Schaldr 100
schauen gugga
Scheck Schägg
Schere Schär
Scherz Witzle
schicken schigga
Schinken Schēngga 49
Schlafanzug Schlôôfähzug
schlafen schlôôfa
Schlafwagen Schlôôfwaga 40
Schlagzeug Schlaagzeig
schlecht schlächd
schlimm schlēmm
Schlitten Schlidda
Schluckauf Hägger 62
Schlüssel Schlissl
Schmerzmittel Schmärztablädd
Schmöker Schmeegr
Schmuck Schmugg
schmutzig dräggad
Schnupftabak Schnubfdabagg
Schokolade Schogglaad 88
schön schēē
Schönwetterlage Schēēwäddrlaag
schon schō
schrecklich saumäßich
Schreibwaren Schreibwaara
Schüssel Schißl
Schützenverein Schitzaverai
Schuh(geschäft) Schuah(gschäfd) 88
Schuhbänder Neschdl, Schuahbendl
Schule Schual
Schwägerin Schwägere
Schwager Schwôgr
jemanden **schwängern** äbbr a Kendle macha
Schwester Schweschdr
schwierig nedd so ōifach
Schwimmbad Schwēmmbaad
schwimmen schwēmma

115

Reisewörterbuch Deutsch-Schwäbisch

Schwimmweste Schwĕmmweschd 46
schwindlig durmelich
schwitzen schwitza
Seezunge Seezŏng
Seele Sääl
seetüchtig seedichdig
sehen säh(a)
Sehenswürdigkeit Säenzwirdichkaid
Sehfehler Sähfähler
sehr sähr, arrg
Seife Soif 89
seit seid
Seite Seid
Sekunde Sekŏnd
Selbstbedienung Selbschbedienŏng
selten sälda
Senkfuß Sĕnggfuaß
servieren särwiera
Serviette Särwjedd
seufzen seifza
Sex Säx
Sicherheit(sgurt) Sicherhaid(zgurd)
Sicherung Sicherong
sie sui, si(a)
Silvaner Sillwäänr
Sittenpolizei Siddabolizei, Sidde
Situation Siduaziŏh
sitzen hogga, sitza
Socken Sogga
Söckchen Seggle, pl Seggla 88
sofort (aabr) glei
Sohn Jŏnger, Sŏh
Sodbrennen Soodbrenna
Sommer Sommr
Sonderangebot Sŏndrähgebott
Sonne(nbrand) Sŏnn(abränd)
Sonnenbrille Sŏnnabrill
Sonnenschirm Sŏnnaschirm 70
Sonntag Sŏnndich, Sŏnndaag 34
Sorte Sorrd
Souvenir Suffenier
spät schbääd
später schbäädr
Sparkasse Schbarkass
Spaß Schbässle 119
Speisekarte Schbeißkard 55
Spezialitäten Schbezialidääda
spielen schbiela
Spielzeug(laden) Schbielzeig(laada)
Splitt Schblidd

Sport(artikel) Schbord(ardiggl)
sporteln Schbord dreiba, schpordla
Sportplatz Schbordblatz
Sprache Schbrôôch
Spray Schbrei
sprechen schwätza 33
Sprit Schbridd
Sprühdose Schbriehdoß
Spülmittel Schbielmiddl
Staat Schdaad
Stadt Schdadd
Stadt(teil) Schdadd(doil)
Stadtplan Schdadd(bläh)
Stall Schdall
Start Schdard
statt schdadd
stechen schdecha
stehen schdända
stehen bleiben schdändableiba
Stehplatz Schdehblatz
steil schdeil
Stein Schdŏi
sterben schdärba
Stiefel Schdiefl
Stockwerk Schdogg 92
stören schdeera
Stoff Schdoff
stornieren schdŏrniera
Strafe Schdrôôf
Strand Schdränd
Straße Schdrôôß 44
Straßenbahn Schdrôôßabäh
Streichhölzer Zĕndhelzr
Strickwaren Schdriggwara
Strom Schdrŏŏm
Strümpfe Schdrĕmbf 88
Strumpfhose Schdrŏmbfhŏŏß 88
studieren schdudiera
Stück Schdigg
Stuhl Schduahl
Stunde Schdŏnd 33
Sturm Schdurm
suchen suacha
Süden Sieda
Süßwaren Sießwara
Summe Sŏmm
Supermarkt Subbrmarrgd

Tabak(laden) Dabagg(laada)
Tabletten Tablädda, Pilla 99

116

Reisewörterbuch Deutsch–Schwäbisch

Tafelwein Daaflwai
Tag Daag 33
Tageskarte Daageskard
Tankstelle Tänkschdell
tanzen dänza
Taschenlampe Daschalämb 88
Täschchen Däschle
taumeln durmla
Teil Doil
teilnehmen tailnêhma
Telefon(buch) Télefôh(buach)
Teller Deller
Temperatur Têmberaduur
teuer deier 87
Teifel Deifl
Theater Theadr
Ticket Tigged
tief diaf
Tier Dier, Viech
Tisch Disch 55
Tochter Dochdr, d'Jöng
todmüde halba hêê
Toilette Gloo, Ábord, Ábee 58
Toilettenpapier Gloobabier 48, 88
Topf Dobf, Haafa 88
Töpfchen Debfle
Tourist(in) Turischd(in)
träumen draima
tragen draaga
traurig draurich
treffen dreffa
Treppe Drebb
treu drei
trinken drêngga
Trinkgeld Drênggäld
Trinkwasser Drênggwassr
Trödler Dreedler
trotzdem drotzdêêm
Tür Dier
tun döh
Tunnel Tunnéll
Turm Durm
Turnschuhe Turnschuah
typisch diebisch

U

U-Bahn U-Bäh
übel gelaunt vrgrätzd
über ieber
überall ieberaal

überholen ieberhola
übernachten iebernächda
überqueren niebrgänga
Überraschung leberaschöng
übersetzen iebersetza
überweisen ieberweißa
übrig iebrich
Uhrzeit Uhrzeid
um ôm
umarmen ômarma
umbuchen ômbuacha
Umleitung Ômlaidöng
umsonst ômasôöschd, ômasônschd
umsteigen ômschdeiga
umtauschen ômdauscha
Umweltschutz Ômwäldschutz
umziehen ômziaga
unbekannt ôhbekännd
und önd
Unding koi Sach (nedd)
Unfall Ôhfall
ungefähr ôhgfähr
Unglück Ôhgligg
unglücklich ôhgligglich
ungültig ôhgildich
Unkosten Ôhkoschda
unmöglich ôhmeeglich
unnötig ôhneedich
unruhig ôhruich
unschuldig ôhschuldich
unter ônder
Unterführung Ônderfiehröng
Unterhaltung Ônderhaldöng
Unterhemd Ônderhêmmad
Unterhose Ônderhooß 88
Unterkunft Ônderkumbfd
Unterschied Ônderschied
Unterschrift Ônderschrifd
Untersuchung Ônderschuachöng
Unterwäsche Onderwesch 86
unterwegs ônderwääx
unverschämt ôhvrschêêmd
üppig ibbich
Ursache Ursach
Urteil Urdail

V

Vater Faddr
Verabredung Vrabreedöng
Veranstaltung(skalender) Vrähschaldöng(skalêndr)

Reisewörterbuch Deutsch-Schwäbisch

verbinden vrbēnda
Verbindung Vrbēndōng
verboten vrbodda
verdienen vrdēāna, griaga
Verein Verai
Vergangenheit Vrgāngahaid
vergessen vrgässa
verheiratet vrheiraaded
Verhütungsmittel Vrhiederle
Verkauf Vrkauf
Verkehr Vrkehr
verlängern vrlēngara
verlieren vrliera
versäumen vrsāima
verschieden vrschieda
versehentlich ouß Vrsäh
Versicherung Vrsicherōng
verstehen vrschdānda
versuchen brobiera
Vertrag Vrdraag
Verwandte(r) Vrwāndr
Verwechslung Vrwäxlōng
Verzeihung! Tschuldichōng!
verzollen vrzolla
Video(kassette) Wiedeō(kassäd)
Volk Volg
Vollpension Vollpēnsioh
von vo(n)
vor vorr
vor allem ēn dr Haubdsach
Vormittag Voormiddaag
Vorort Vorord
Vorspeise Vorschbeiß
Vorstellung Vorschdellōng
Vorverkauf Voorvrkauf
Vorwahl Voorwahl

W

wählen wähla
Wäscherei Wescherei
wahr wôhr
wahrscheinlich sichr
Wallfahrt Wallfard
wandern wāndra
wann wēnn
warten warda
Wartezimmer Wardezēmmr
was waaß
waschen wäscha
Waschmittel Waschmiddl
Wasser Wassr

Watte(stäbchen) Wadde(schdääble)
wechseln wäxla
Wechselstube Wäxlschduab
Wecker Weggr
Weg Wääg
wegen wääga
Wegweiser Wäägweißer
weich woich
Wein Wai, Waile 58, 62, 63, 95
weinen heila
Weingarten Wēngert 63
weit weid
Welle Wäll
Welt Wäld
wenig(er) wēēnich(r)
wenig, ein a bißle
wenigstens wēēnigschdenz
wenn wānn, wēnn
Werkstatt Wärgschdadd
Werktag Wärrdich
Wert Wärd
Weste Wäschd
Westen Wäschda
Wetter Wäddr
Wettervorhersage Wäddrberichd
wichtig wichdich
wie wia, wi
wieder wiedr
wiederholen widdrhoola
wiederkommen wiedrkōmma
wiegen wiega
Wildleder Wildlädr
willkommen willkōmma
Wind Wēēd, Wēnd 59
Windeln Wēndla
Winter Wēndr
wir mir
Wirt Wird
wo wō, mō
Woche Woch 33
wohnen wōhna
Wohnmobil Wōhnmobiel
Wohnwagen Wōhnwaaga 50
Wolle Woll(e)
wollen wella
Wort Word, Werdle
wünschen wēnscha
Wurst Wurschd 60
wütend mid'ra Sauwuad (ēm Rānza)

118

Reisewörterbuch Deutsch–Schwäbisch

Z

Zahl Zähl 100
zahlen zähla
Zahn Zäh 98
Zahnarzt Zähardzd
Zahnbürste Zähbirschd
Zahnstocher Zähschdochr
zeigen zaiga, zoiga
Zeit Zeid
Zeitschrift Zeidschrifd
Zeitung Zeidöng
Zelt Zäld 50
Zentimeter Zëndimeedr
Zentrum Zëndrömm
zerbrechlich zrbrächlich
Zeuge Zeig 103
ziehen ziaga

Zigarre Zigarr
Zigarette Zigarett
Zimmer Zëmmer 47, 48
Zoll Zoll
zu zu, *(geschlossen)* zua
zu viel zviel
zufrieden zfrieda
Zug Zuug
Zunft Zömfd
zurück zrigg
zusammen zämma
zuständig zuaschdendich
zwecklos zwäggloß, ömasönschd
zwei zwoi
Zwiebel Zwiebl
zwischen zwischa

Lösungen Test Seite 107

Lösung des sprachlichen Persönlichkeitstests:

1. Pfingsten
2. Handschuhe
3. Stübchen
4. Löwe
5. Hühnchen
6. So
7. Eiterzahn
8. Putzteufel
9. Blumenkohl
10. Ade, Tschüs
11. Büchsenöffner
12. Blätterteig
13. Jetzt
14. Seiltänzerin
15. Hochzeit
16. Montags
17. Chaiselongue, Liege
18. Heimatabend
19. Christbaum
20. Ohrenweh
21. Was
22. Ostern
23. Strickjacke
24. Unangenehm
25. Hütchen
26. Zeh(en)
27. Gelumpe, Mist
28. Blümchen
29. Weinbauer
30. Daheim
31. Hinterteil
32. Pflaumentörtchen
33. Gesichtsmaske
34. Zuerst
35. Umsonst
36. Knie
37. Jammer
38. Klobürste
39. Herunter
40. Werktags

Bewertung und Einstufung:
(Vorsicht, Späßle!)
▪ 0 Fehler = Urschwabe
▪ 5 Fehler = Schweizer
▪ 8 Fehler = Stuttgarter
▪ 12 Fehler = Süddeutscher
(Badener, Bayer, Franke, Hesse)
▪ 16 Fehler = Gastarbeiter
▪ 30 Fehler = Norddeutscher (aus schwäbischer Sicht jede Person von jenseits der Mainlinie, älle!)
▪ 40 Fehler = »Musst du denn, Musst du denn zum Städtle hinaus« (aber geteert und gefedert!)

Bildnachweis
Klaus Blankenhorn: 44, 49, 63, 97, 105; Catch the Day/Manfred Braunger: 77; Werner Dieterich: 2-1, 2-2, 2-3, 3-2, 39, 55, 73, 78, 86, 90; Volkmar Janicke: 59, 102; laif/Daniel Biskup: 85; Taschner und Reimer: 3-1, 31, 47, 65, 68; Tourismusverband Schwäbische Alb: 40; Touristikgemeinschaft Neckar-Hohenlohe-Schwäbischer Wald e.V.: 1; Werner Stuhler: 3-3, 37; Monika Zeller: 53, 83, 95; Titelbild: Bildagentur Huber/Friedel.

Für ihre Beratung und Unterstützung bedanken wir uns bei folgenden Native Speakers:
Reiner Blankenhorn, Nina Bayer, Marion Techmer, Sonja Weigold

**Polyglott im Internet: www.polyglott.de,
im travelchannel unter www.travelchannel.de**

Ergänzende Anregungen, für die wir jederzeit dankbar sind,
bitten wir zu richten an:
Polyglott Verlag, Redaktion, Postfach 40 11 20, 80711 München.
E-Mail: redaktion@polyglott.de

Alle Angaben stammen aus zuverlässigen Quellen und wurden sorgfältig geprüft. Für ihre Vollständigkeit und Richtigkeit können wir jedoch keine Haftung übernehmen.

Impressum
Herausgeber: Polyglott-Redaktion
Autor: Heinz Messinger
Zeichnungen: Katrin Merle
Redaktion: Elke Maier-Wenzl
Layout: Ute Weber, Geretsried
Titeldesign-Konzept: Polyglott Verlag, München
Satz: Schulz Bild+Text, Dagebüll

Komplett aktualisierte Auflage 2007/2008
© 2004 by Polyglott Verlag GmbH, München
Printed in Germany
Gedruckt auf chlorfrei gebleichtem Papier
ISBN 978-3-493-61192-2